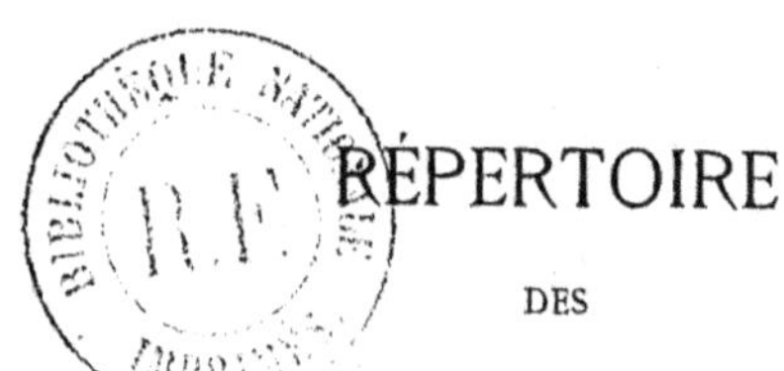

RÉPERTOIRE

DES

ESTAMPES JAPONAISES

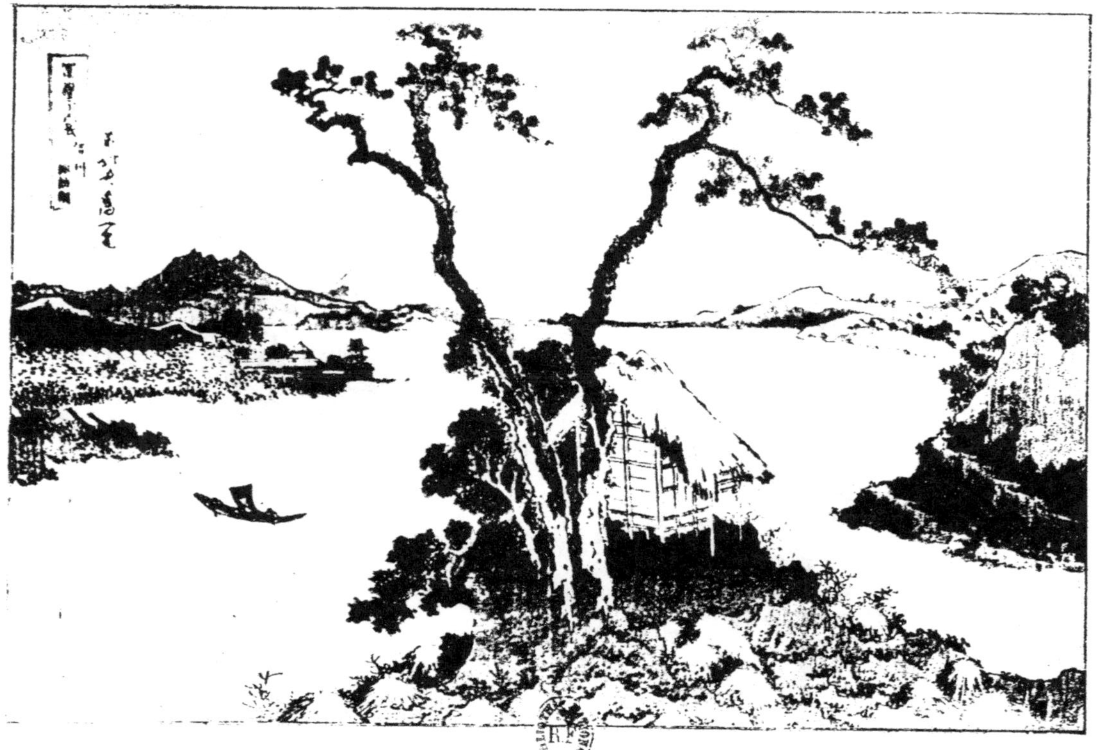

HOKUSAÏ. Paysage.
Musée du Louvre.

Pl. I.

RÉPERTOIRE

DES

Estampes Japonaises

LES ARTISTES ET LEURS SIGNATURES
LES PROCÉDÉS — LES ŒUVRES ET
LEURS PRIX DANS LES VENTES
BIOGRAPHIES ET BIBLIOGRAPHIES

PAR

J.-E. DARMON

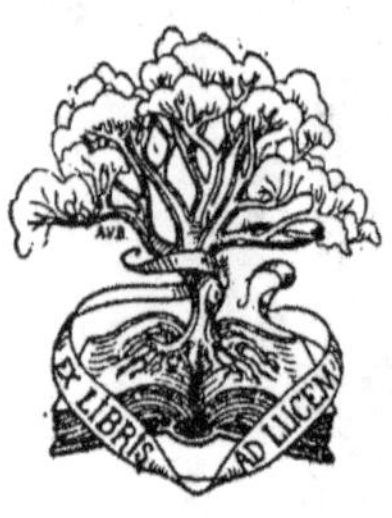

1780

PARIS

ÉDITIONS ALBERT MORANCÉ

LIBRAIRIE CENTRALE D'ART ET D'ARCHITECTURE

30 ET 32, RUE DE FLEURUS

PRÉFACE

L'art japonais s'est acquis droit de cité chez nous par la faveur toujours plus grande qu'il trouve auprès des artistes et des amateurs. Il est rare de pénétrer dans un milieu élégant ou artistique sans y rencontrer un échantillon de cet art : souvent c'est un ivoire, un laque, une céramique, mais toujours y règne l'estampe qui éclaire l'ensemble de sa jolie note gaie.

L'estampe japonaise naquit au XVIe siècle. Les premières épreuves sorties de la presse étaient tirées en blanc et noir, et sont très rares. Ce n'est qu'à dater de la fin du XVIIe siècle et jusqu'à la fin du XVIIIe que, par la contribution magistrale des deux artistes Maronobu (fin XVIIe) et Kiyonaga (XVIIIe), elle atteint à son apogée, tant par la qualité des expressions et du dessin que par l'harmonie des couleurs et de la composition.

Il importe d'ailleurs de remarquer qu'on peut apprécier l'estampe japonaise suivant deux méthodes : d'abord, du point de vue japonais, c'est-à-dire avec une compréhension des choses très diffé-

rente de la nôtre, mais qui se rapproche de l'idéal des peuples d'Extrême-Orient ; ensuite, du point de vue européen, c'est-à-dire suivant les tendances qui sont les directives de notre art et de notre idéal.

C'est pourquoi telle œuvre très estimée au Japon l'est moins chez nous, et réciproquement.

Les premières gravures étaient destinées à illustrer des livres, dont le plus anciennement connu est le Butsoy wo Kyo *qui porte la date de 1582. Elles ne comportaient pas de coloris. Un peu plus tard, quelques-unes furent coloriées à la main. Ainsi que nous le disons plus haut, ces épreuves primitives étaient très rares, mais on en trouve pourtant dans certaines collections et dans plusieurs musées ou bibliothèques.*

La véritable période de l'estampe commence avec Maronobu, *dont les premières œuvres parurent à Kioto, ensuite à Yedo.*

Ces épreuves furent imprimées en blanc et noir, puis en rose et vert. Au milieu du XVIII e *siècle deux tons de plus venaient s'y ajouter : le bleu et le gris, et vers la fin du même siècle l'impression polychrome était appliquée à plusieurs planches, ce qui allait porter cet art à sa plus grande perfection.*

En résumé, l'histoire de l'estampe japonaise comprend quatre périodes distinctes :

Blanc et noir : *de 1582 à 1743.*
Rose et vert : *de 1743 à 1758.*
Bleu et gris : *de 1759 à 1765.*
Polychromie : *de 1765 à nos jours.*

** **

L'estampe japonaise a trois auteurs : le peintre, le graveur et l'éditeur. Les trois laissent leur trace sur la pièce; mais celui qui nous occupera le plus, c'est le peintre qui, seul, l'a marquée de son génie. Le graveur n'est intéressant que par l'habileté qu'il apporta dans l'exécution. Quant à l'éditeur, son rôle consistait à rédiger la description du sujet et à en soigner la présentation. Certains peintres n'ont eu qu'un seul éditeur, d'autres en eurent plusieurs.

C'est à partir de 1765, lors de la découverte par Harunobu de l'impression polychrome, que l'estampe japonaise commença à prendre de l'extension et à se vulgariser. Pour obtenir cette polychromie on employa jusqu'à 5 ou 6 planches, sauf pour les suri-monos (1). Souvent, pour accentuer l'effet des gravures, on employait des papiers gaufrés en creux ou en relief.

Divers formats étaient alors en usage. On en trouvera la description et les dimensions à la nomenclature des termes japonais.

Certaines gravures de luxe étaient surchargées, aux endroits représentant des chairs, d'une poudre de nacre qui en augmentait l'éclat.

Dans les espaces vides, généralement en haut et à droite, étaient inscrits le nom de l'auteur, celui de l'éditeur ou simplement sa marque, et, quelquefois,

(1) Voir ce mot à la nomenclature des termes japonais.

un texte, donnant l'explication du sujet représenté. A part quelques pièces très rares, aucune date n'y était mentionnée.

Certains artistes changeaient souvent de nom et par conséquent de signature, à diverses époques de leur carrière. Nous signalons, dans la notice consacrée à chaque artiste qui se trouve dans ce cas, ainsi que dans la reproduction des signatures à la fin de ce livre, les diverses modifications de son nom au cours de sa carrière.

Les planches étaient gravées le plus souvent sur du bois de cerisier, quelquefois sur du buis et, contrairement à ce qui se fait en Europe, le bois était scié dans le sens des fibres.

L'artiste faisait son dessin avec un pinceau (tenu presque verticalement), à l'aide d'encre de Chine, sur un papier très mince, en exécutant les contours avec la plus grande précision, et en évitant les erreurs, l'encre de Chine ne pouvant être effacée. Il remplissait ensuite ces contours de larges masses de couleurs. Le dessin ainsi préparé était collé sur le bois et livré au graveur, qui incisait les deux bords du trait des contours avec un couteau, puis enlevait avec un autre couteau plus large tout le bois superflu. Il ne subsistait plus alors que les traits du dessin, et le bois était prêt pour le tirage, qui s'effectuait par pression, soit à la main, soit au frottoir.

Les couleurs employées étaient préparées à l'eau additionnée légèrement de colle de riz.

Le papier utilisé pour l'impression était plutôt épais et soigneusement fabriqué avec les fibres de paille de riz. Il était lisse tout en ayant une certaine mollesse et une teinte d'ivoire. Le papier des estampes modernes, ou de tirage récent, diffère sensiblement de celui des anciennes en ce qu'il a moins de souplesse, un ton ivoire beaucoup moins prononcé, et qu'il est dépourvu de la teinte intérieure de rouille qu'on observe généralement par transparence dans les gravures anciennes. En outre, les couleurs modernes (à l'aniline) sont crues et criardes.

**

Bien que ses débuts remontent au XVIe siècle, l'estampe japonaise ne fut réellement connue des étrangers que vers 1868, époque à laquelle l'accès du Japon leur fut ouvert. A ce moment une foule de marchands européens se rendirent acquéreurs d'un nombre considérable d'objets d'art, parmi lesquels des milliers d'estampes. Ce fut l'origine des premières collections rassemblées par des artistes qui, tout d'abord, surent les apprécier. Bien nombreux sont aujourd'hui les collectionneurs et amateurs d'estampes, et ils le deviendront encore plus le jour où les profanes trouveront un moyen pratique de s'instruire dans cet art.

Les ouvrages parus dans ce sens fournissent des renseignements que seuls les initiés sont à même de comprendre.

D'autre part, beaucoup de commerçants, principalement des antiquaires ou des marchands de gravures, qui seraient désireux de s'occuper de la vente et de l'achat de l'estampe japonaise, ne peuvent, à leur grand regret, s'adonner à ce commerce, ignorant tout de cet art, malgré leur désir de le connaître.

Il y avait une lacune à combler : c'est pourquoi nous croyons faire œuvre utile en publiant ce traité, qui, sous une forme concise, mais simple et pratique, fournit tous les renseignements nécessaires pour s'instruire utilement et rapidement dans cette branche de l'art japonais, et permet d'en apprécier la valeur esthétique et l'intérêt commercial.

TERMES JAPONAIS

QU'IL EST NÉCESSAIRE DE CONNAITRE

Beniyé. — Ce mot est dérivé du mot *beni*, qui signifie rouge violacé, et s'emploie en chromie pour exprimer les premières impressions en couleurs.

Bijin. — Femme.

Biyoshi. — Cf. *Kibiyoshi*.

Chaya. — Maison de thé.

Chuban. — Terme qui désigne un format d'estampe en hauteur, de 30 cm. sur 22 environ.

Chuban Yokoyé. — Le même que ci-dessus, mais en largeur, 30 × 22 cm. environ.

Chutanzaku. — Format en hauteur de 37 × 23 cm. environ.

Geisha. — Courtisane, fille chanteuse et joueuse, mais menant une vie honorable.

Hosoyé ou *Hossoye*. — Petit format en hauteur de 30 × 15 cm. environ.

Kakemonoyé. — Grand format, haut et large, 55 × 28 cm. environ.

Kamuro. — Suivante d'une Oiran.

Koban. — Format en hauteur de 25 × 16 environ.

Kibiyoshi. — Petits ouvrages à couverture jaune illustrés.

Kotanzaku. — Format en hauteur de 32 × 11 cm.

Makemono. — Quoique ce format ne concerne pas l'estampe, à titre de renseignement, nous le mentionnons ici. Le Makemono constituait un livre sur une feuille très longue, de 12 à 15 mètres, contenant un texte et des illustrations peintes à la main. Cette feuille était repliée en accordéon lorsqu'on n'en faisait pas usage.

Nagayé. — Grand format, très étroit en hauteur, 65 × 15 cm. environ.

Oban. — Ce format est tantôt en hauteur, tantôt en largeur, avec les mêmes dimensions de 45 × 30 cm.

Oban tateyé. — Grand format en hauteur, 65 × 45 cm.

Oban yokoyé. — Grand format en largeur, de 65 × 45 cm.

Oiran. — Courtisanes ayant une certaine éducation, qui vivaient dans les maisons vertes.

Ronin. — Héros d'un drame très populaire au Japon.

Saké. — Eau-de-vie de riz.

Surimono. — Très petit format carré, adopté pour de petites estampes tirées très luxueusement, avec profusion de couleurs et rehauts d'or et d'argent. Les surimonos étaient destinés à être offerts comme souhaits de fête ou de bonne année. Pour les obtenir on employait quelquefois jusqu'à 30 planches, c'est dire combien ils étaient éclatants de couleur.

Tanyé. — Coloriage à la main où domine le rouge brique. Ce mot vient du mot *tan*, qui signifie rouge brique obtenu par l'oxyde de plomb.

Tzushumi. — Instrument de musique.

Urushiyé. — Coloriage à la main avec parties légèrement laquées.

Yoshiwara. — Le quartier des courtisanes à Yedo.

Yotsugiri. — Petit format en largeur de 15 × 11 cm. environ.

PRONONCIATION

DES MOTS JAPONAIS

Nous avons respecté, pour les mots et les noms japonais, l'orthographe adoptée avant nous par les bibliographes qui ont traité cette question. Mais cette orthographe ne reproduit pas exactement la prononciation japonaise, aussi croyons-nous nécessaire de donner ci-après des indications sur la manière de prononcer les mots principaux :

yo se prononce *iyoo*.

ye   —   *iyé*.

u   —   *ou*.

sai   —   *seuï*.

hi   —   *ghi* (dans le corps du mot très légèrement).

h   —   très aspiré.

chi, cho cha se prononce *tsi, tso, tsa*.

shun se prononce *sehoun*.

sho   —   *cheuho* (en glissant).

L'avant-dernière syllabe d'un mot se prononce *longue*, la dernière *brève*.

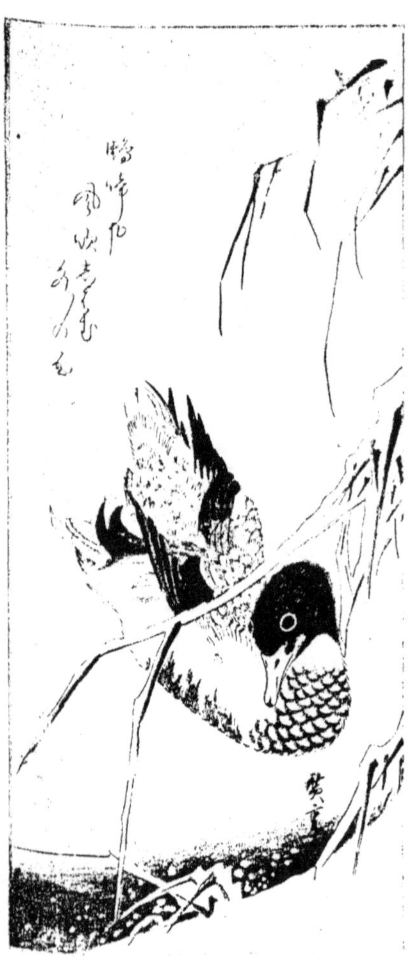

HIROSHIGÉ. — Canard sous les bambous
par temps de neige.

(Musée du Louvre.)

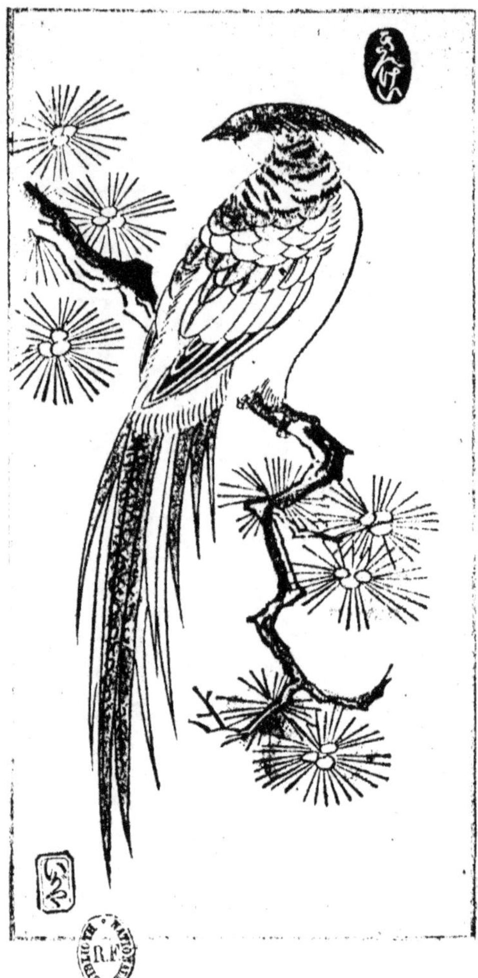

KIYOMASU. — Faisan
sur une branche de pin.

(Musée du Louvre.)

PL. II.

AVERTISSEMENT

Pour identifier une estampe, commencer par en repérer la
signature : chercher ensuite à retrouver la même signature
dans la nomenclature *ad hoc* placée à la fin du livre. Celle-ci
trouvée, se reporter à l'auteur indiqué, dans les notices qui
se suivent par ordre alphabétique. Pour ceux que cela pourrait intéresser, nous donnons, à la fin de cet ouvrage, une
liste de ces mêmes auteurs, par ordre chronologique.

A la suite de chaque notice d'auteur, nous donnons les prix
atteints par ses œuvres. Par une heureuse coïncidence, au
moment où cet ouvrage a été conçu, avait lieu à Paris (1920),
la dispersion aux enchères de la collection Manzi, une des
plus complètes et des mieux choisies. La composition et la
qualité des œuvres qu'elle contenait, les offres des acheteurs,
presque exclusivement recrutés dans un public de connais-
seurs, nous ont offert une base de comparaison extrêmement
homogène pour l'établissement d'une échelle rationnelle des
prix. Il faut tenir compte que, depuis, une baisse s'est
produite sur toutes les gravures en général. Il faut tenir
compte également des variations du change de la mon-
naie et, par conséquent, du prix du franc, qui était plus bas
à l'époque.

* *

Nous avons signalé dans cet ouvrage tous les artistes qui
méritaient de l'être. Lorsqu'un auteur n'y a pas été men-
tionné, c'est ou parce que ses œuvres ont peu d'intérêt

artistique et, partant, de valeur commerciale, ou encore parce que les renseignements recueillis sur sa vie et ses travaux sont trop imprécis ou douteux.

A titre documentaire, nous avons établi, à la fin de l'ouvrage, une liste de ces auteurs de second plan.

*
* *

A la fin de l'ouvrage, également, se trouvent une liste bibliographique des principaux auteurs ayant écrit sur l'estampe japonaise et une liste des musées, des bibliothèques et des amateurs ayant des collections importantes.

NOTICES SUR LES AUTEURS

PAR ORDRE ALPHABÉTIQUE

BUNCHO

Elève d'Ishikawa Kogen, cet auteur travailla dans la deuxième moitié du XVIIIe siècle, et figura notamment des acteurs dans des rôles de femmes. Ses œuvres se recommandent par un coloris délicat, un dessin correct et beaucoup d'harmonie dans les tons. Ses estampes ont gardé leur fraîcheur et, par là, sont très appréciées et recherchées.

BIBLIOGRAPHIE

Fenollosa. — Bing. — Hayashi.

PRIX ATTEINTS DANS LES VENTES

En 1920 :

Lutteur géant dans la cour d'un temple.	305 fr.
Courtisane s'amusant avec un chat.	550 fr.
L'acteur Segawa, dans la danse Shakkio.	1.200 fr.
Courtisane lisant une lettre d'amour.	100 fr.

L'acteur Ichikawa Yaozo dans le rôle de Han Shichi. Il est armé d'un grand sabre et porte une lanterne (Hosoyé). 340 fr.

Théâtre Nakamuraza, 5e année de Meiwa (1768).

Les acteurs Ichikawa Yaozo et Ségawa Kikunojo dans une scène de drame (Hosoyé). 210 fr.

L'acteur Ségawa Kikunojo dans le rôle de la jeune Matsukazé qui tient l'éboshi et le kariginu (coiffure et vêtement de cour), que lui a laissés en souvenir son amant, le noble Chunagon Yukihira (Hosoyé). 400 fr.

L'acteur Ichikawa Komazo jouant le rôle de Sukenari (Juro) dans la pièce : *La revanche des frères Soga*. Théâtre Naka-muraza, 8ᵉ Meiwa (1771) (Hosoyé).   310 fr.

L'acteur Ichikawa Yaozo jouant le rôle d'Uméomaru, un des serviteurs de Sugawara, dans la pièce : *Sugawara Denju Kagami,* 5ᵉ Meiwa (1768) (Hosoyé).   175 fr.

L'acteur Onoé Matsusuké dans le rôle de Matsuomaru, le vassal fidèle, dans la pièce : *Sugawara Denju Kagami* (Hosoyé).   175 fr.

Couple de voyageurs.   510 fr.

Acteur en Samurai.   400 fr.

Acteur en femme.   820 fr.

Courtisane.   620 fr.

L'acteur Komaso.   500 fr.

Acteur en femme.   1.200 fr.

L'acteur Kikunojo.   1.700 fr.

La capture d'un voleur.   700 fr.

Scène de théâtre.   2.500 fr.

Jeune fille dansant.   2.000 fr.

En 1921 :

Les acteurs Nakamura Sukégoro et Nakamura Nakazo jouant le drame : *Koi Musumé Mukashi Hachizo.* (Chuban).   1.050 fr.

L'acteur Onoé Tamiso figurant une jeune fille. Elle est vêtue d'un manteau à décor de pivoines et s'abrite sous un parasol où sont piquées des fleurs de cerisier (Hosoyé). (Pl. VI.)   1.100 fr.

L'acteur Sakata Hangoro figurant un valet (Hosoyé).   250 fr.

Geisha piquant une épingle dans sa coiffure. C'est l'acteur Ségawa Kikunojo (Hosoyé).   110 fr.

L'acteur Ichikawa Raïzo représentant un samuraï voyageant (Hosoyé).   1.000 fr.

L'acteur Ichikawa Yaozo figurant le chasseur Kayano Kampei dans le drame des Ronin. Il vient de trouver la bourse de Yoïchibei (Hosoyé).   150 fr.

Jeune femme debout devant une fenêtre ; elle dissimule
une lettre dans sa manche. Rôle de l'acteur Yamashita
Kinsaku (Hosoyé).   300 fr.

L'acteur Sawamura Sojuro tenant une coupe à saké
(Hosoyé).   105 fr.

L'acteur Nakamura Kiyosaburo figurant une jeune femme
voyageant par un jour neigeux (Hosoyé). (Pl. VI.) 2.500 fr.

L'acteur Ichikawa Yaozo en vêtement d'intérieur ; il porte
des ustensiles de fumeur (Hosoyé).   180 fr.

L'acteur Nakamura figurant la poétesse Murasaki Shikibu,
l'auteur du Genji Monogatari (Hosoyé).   320 fr.

Guerrier au sabre nu. C'est l'acteur Matsumoto Hachizo
(Hosoyé).   210 fr.

L'acteur Iwaï Hansiro dans le rôle de la courtisane Makino.
Sa lanterne est décorée d'un papillon (Hosoyé).   340 fr.

L'acteur Ichikawa Komazo dansant. Il tient une branche de
chrysanthèmes (Hosoyé).   130 fr.

Portrait de cinq acteurs représentant le même personnage.
Ce sont, de droite à gauche, Ichikawa Komazo, Ichikawa
Yaozo, Matsumoto Hachizo, Nakamura Sukégoro et Arashi
Hikokichi (Hosoyé yokoyé).   105 fr.

L'acteur Yamashita Kinsaku figurant une geisha (Hosoyé
rogné).   55 fr.

SIGNATURE DE L'ARTISTE

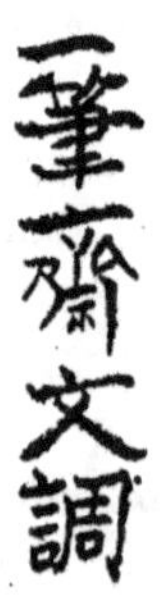

CHINCHO (Hanegawa)

On sait peu de chose de cet artiste qui fut plutôt un peintre, mais illustra pourtant quelques livres. Il subsiste quelques rares estampes de lui, dont une, importante, est en la possession de Mme Straus Negbaur, à Francfort-sur-Mein (Von Seidlitz).

Toutes ses estampes, d'un dessin habile, sont coloriées à la main.

BIBLIOGRAPHIE

Fenollosa. — Hayashi. — Von Seidlitz.

SIGNATURE DE L'ARTISTE

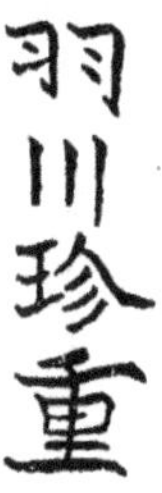

CHOKI

Cf. *infra* Nagayoshi, p. 82.

GAKUTEI

Un des meilleurs élèves d'Hokusaï, qui vécut au commencement du XIX° siècle, fut Gakuteï. Il produisit plusieurs suites intéressantes et quelques riches surimonos, où s'étalent à profusion des couleurs métalliques.

A signaler de lui :

Jeunes filles dansant à la lumière d'une lanterne rouge, suite de 5 pièces.

Les Ko-Shoguns, suite de 5 surimonos, aussi riches qu'élégants (musée de Hambourg).

BIBLIOGRAPHIE

Anderson. — De Goncourt. — Strange. — Gonse.

PRIX ATTEINTS DANS LES VENTES

Le prix de ses œuvres varie entre 30 et 300 francs.

SIGNATURE DE L'ARTISTE

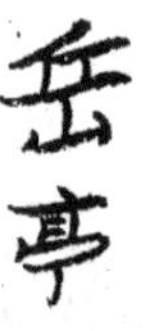

HARUNOBU ou SAZUKI HARUNOBU

C'est un grand nom, parmi les maîtres de l'estampe. Sa réputation est due non seulement à son talent, mais aussi à sa découverte de l'impression en trois tons et à celle de la polychromie en 1765, ce qui allait donner un essor nouveau à cet art et le conduire à son apogée. On prétend aussi qu'il fut le premier à lancer la mode des surimonos.

Harunobu était l'élève de Shighenaga, lequel avait trouvé l'impression en deux tons (c'est-à-dire en vert et rose), une vingtaine d'années auparavant.

Sazuki Harunobu naquit à Yedo en 1718 et y mourut en 1770. Ses œuvres se distinguaient par leur riche coloris, plein d'éclat et de gaîté, tout en restant harmonieux. Pour obtenir ce résultat, il procédait par la superposition de plusieurs planches, quelquefois jusqu'à huit et dix, sans compter le blanc et le noir. Il fut essentiellement un maître naturaliste.

En dehors de ses estampes, pour lesquelles il employait généralement un petit format, et où il exécuta de préférence des scènes familiales en plein air, ou des scènes populaires traitées avec grâce et aussi des fleurs, il produisit, avec succès, des kakemonoyé, qui dégagent le plus grand charme, et de superbes surimonos.

Ses œuvres sont celles qui furent le plus souvent réimprimées. On reconnaît facilement ces réimpres-

sions, à la grosseur des traits, au noir vif et aux couleurs dures.

Ses estampes sont rares et des plus recherchées,
notamment celles qui portent une date. Elles comp-
tent parmi celles qui atteignent les prix les plus
élevés.

BIBLIOGRAPHIE

Fenollosa. — Anderson. — Strange. — Hayashi. — Von
Seidlitz.

PRIX ATTEINTS DANS LES VENTES

En 1920 :

Scène de Chaya.	350 fr.
Couple de Komuso.	1.300 fr.
Dame et fillette sur une terrasse.	1.550 fr.
Jeune femme portant un seau d'eau sur la tête.	2.300 fr.
Deux jeunes filles tirant à l'arc.	6.500 fr.
Jeunes femmes sur le dos d'un buffle.	2.200 fr.

Moso, un des 24 exemples de piété filiale, figuré par une
   jeune femme qui marche sur un sol couvert de neige,
   gaufrages.   15.500 fr.

Deux danseuses travesties.	1.800 fr.
Au bord de la mer.	1.000 fr.
Geisha endormie.	1.300 fr.
Marchand d'éventails.	1.900 fr.
Un couple d'amoureux.	550 fr.
Assise sur un éléphant, une jeune femme lit une lettre.	3.250 fr.

Cavalier qu'une petite paysanne guide au bord de la Tamagawa d'Idé. Il s'est arrêté pour admirer le paysage. Un proverbe dit à ce propos qu'il n'est pas un voyageur qui passe
   la rivière sans arrêter son cheval pour admirer la floraison
   des yamabuki (Chuban).   420 fr.

D'une série des six Tamagawa.

Sur une terrasse une jeune femme qu'un garçonnet accompagne regarde une cage remplie d'insectes. Le poème qui

orne son éventail est une allusion à cette scène : « Par le beau temps le cri des insectes est aussi puissant que dans l'herbe épaisse. » (Chuban). 220 fr.

Musicienne jouant du koto (Chuban). 340 fr.

Moso (un des vingt-quatre exemples de piété filiale en Chine), représenté par une jeune fille cherchant sous la neige des jeunes pousses de bambou (Chuban). 1.300 fr.

Courtisane et sa petite kamuro regardant par une baie ouverte les promeneurs sur la digue du Yoshiwara. La soirée est pluvieuse et les gens se hâtent de rentrer (Chuban). 1.650 fr.

De la série *Furyu Yedo Hakkei,* huit vues de Yédo.

Jeune homme jouant de la flûte devant la maison de son amie, qui l'accompagne sur son koto (Chuban). 550 fr.

Jeune femme disposant dans un vase des fleurs de yamibuki (Chuban.) 600 fr.

D'une série des six Tamagawa. Cette estampe fait allusion à la Tamagawa d'Idé.

Couple devant un brasero sur lequel est posée la bouilloire à saké. La jeune femme attise la flamme en agitant un album et une petite servante casse des branches d'érable pour alimenter le foyer. Au dehors la tempête fait rage et courbe les arbres. Allusion à une ancienne poésie qui dit : « Dans une forêt, pour chauffer le saké, on brûle des érables. » (Chuban). 750 fr.

Fond gris. Oïran accompagnée de ses kamuro et de ses servantes (Chuban). Non signée. Cachet Hayashi. 950 fr.

Par une soirée d'été deux jeunes femmes prennent le frais sur une terrasse au bord de la rivière Kamo. Elles s'amusent d'un petit feu d'artifice qu'elles ont allumé sur une planchette de bois et qui dérive au fil de l'eau. Une lanterne porte le nom d'Iséya, qui est celui de la chaya (Chuban). 1.500 fr.

Jeune femme lisant une lettre à sa servante, qui écoute appuyée sur un balai (Chuban). 2.000 fr.

De la série : *Hyakunin Isshu,* les cent poésies. Illustration du poème : « Si je ne t'avais rencontré, jamais je n'aurais connu le chagrin. »

Couple d'amoureux lisant une lettre. La jeune femme est
assise sur un kosatsu, dont la couverture cache aux trois
quarts son ami. Par les fenêtres on voit les pins couverts
de neige. La lettre est un calendrier à la date de l'année
Kinoto Tori (2ᵉ Meiwa, 1765) (Chuban).   1.120 fr.

Courtisane se promenant sous les cerisiers en fleurs. Elle est
accompagnée de ses deux kamuro, dont l'une porte en
guise de poupée un Daruma (Chuban).   2.600 fr.

Couple d'amoureux en promenade. Ils se sont arrêtés sous
un prunier en fleurs et le jeune homme arrange la sandale
de son amie (Chuban).   250 fr.

Jeune fille sur le seuil d'une maison rustique, par un jour de
pluie. Elle tient à la main une branche de fleurs de yamabuki. Allusion à l'histoire d'Ota Dokwan. Cette estampe
est probablement la moitié d'un diptyque (Chuban).   720 fr.

Geisha dansant la danse Sambaso devant des shoji décorés
de branches de pin (Chuban). Non signée. En haut à droite,
cachet de la bibliothèque Kyosai.

Jeune femme regardant par la fenêtre ouverte un vol d'oiseaux au bord de la rivière. Elle a laissé tomber ses livres
et tient un kogaï (Chuban). Non signée.   200 fr.

Jeune femme à qui sa servante apporte une coupe contenant
des pâtisseries en forme de champignons. Par la fenêtre
ouverte on voit le soleil se lever sur la plage d'Akashi.
C'est l'illustration d'un poème de Kakimoto no Hitomaro
sur les barques qui disparaissent dans la brume du matin.
(Chuban).   130 fr.

Couple exécutant une danse admirative devant une cascade
ombragée de momiji. Sur l'éventail que tient le jeune
homme on lit cette phrase : « Elle tombe à pic de trente
mille pieds. » (Chuban).   620 fr.

Geisha jouant du tsuzumi. Derrière elle des chrysanthèmes
s'épanouissent en un grand vase (Chuban).   750 fr.

Moulin au bord d'une rivière. Deux blanchisseuses étendent
sur une palissade les étoffes qu'elles viennent de laver
(Chuban).   360 fr.

D'une série de Tamagawa. C'est la Tamagava de Chofu.

Jeune femme assise sur une terrasse d'où l'on voit tomber la
pluie. Elle lit une lettre d'amour. Abritée derrière un shoji
une amie essaie de surprendre les secrets de cette corres-
pondance (Chuban).   920 fr.

De la série *Fuʒoku Shiki Kasen*, les quatre saisons des
poètes. C'est ici le mois d'octobre (kanazuki). Les Japonais
l'appellent le mois sans mensonge.

Deux jeunes femmes écoutant chanter un rossignol à la porte
d'un jardin (Chuban).   850 fr.

Même série que ci-dessus. Le titre de l'Estampe est *Takema
no Uguhisé,* le rossignol dans les bambous.

Jeune homme prenant congé de son amie qui insiste pour
le retenir. Au fond un paravent représentant le Fuji.
(Chuban).   100 fr.

Fond gris. Jeune femme préparant les offrandes du jour de
l'an (Chuban).   1.300 fr.

Non signée.

Poétesse se promenant dans la campagne, accompagnée d'un
petit serviteur. Elle s'est arrêtée pour écrire des vers à la
louange des momiji d'automne (Chuban).   110 fr.

Fillette en robe de cérémonie. Une branche de prunier en
fleurs décore le haut de l'estampe (Chuban).   450 fr.

Représentation fantaisiste de deux danseuses de temple exécutant une danse sacrée (Chuban).   175 fr.

Jeune femme le torse nu débarbouillant un bambin dans l'eau
d'un baquet (Chuban).   270 fr.

Dans un jardin planté de bambous, une fillette fait rouler une
énorme boule de neige. Elle souffle sur ses doigts engour-
dis (Chuban).   550 fr.

Estampe de gauche d'un diptyque.

Illustration d'un roman, les aventures d'Yukiyo no Suké.
Deux divinités, auxquelles Harunobu a donné les traits des
célèbres beautés Osen et Toka, apparaissent à Yukiyo et
lui offrent des talismans qui assureront la réussite de tous
ses projets (Chuban, Yokoyé).   160 fr.

Couple d'amoureux (Chuban).   100 fr.

Jeunes femmes admirant les liserons qui grimpent devant

une terrasse. En haut de l'estampe une poésie sur ce thème (Chuban).   450 fr.

Abandonnant ses chansons et son shamisen, une jeune geisha s'est endormie. Elle rêve et se voit revêtue du manteau blanc des mariées (Chuban).   400 fr.

Tirage sur papier crêpé. Oïran partant pour la promenade. Elle est suivie de ses deux kamuro et d'un domestique porteur d'un parasol (Chuban).   110 fr.

De la série *Shiki*, les quatre saisons. C'est ici la planche Haru (printemps).

Scène de théâtre. Jeune femme devant une résidence de daïmio. Sa servante lui présente un large chapeau de paille qui lui permettra d'entrer au château sans être reconnue. Un samuraï que figure l'acteur Tanimura Tarazo l'accompagne (Chuban).   100 fr.

Fond gris. Œillets roses dans une jardinière à décor rouge et bistre (Chuban).   1.500 fr.

En 1921 :

Un jeune viveur a quitté la salle de la Chaya pour se laver les mains à la fontaine. Son attention est attirée par une lettre déchirée dont la lecture le rend songeur (Nagayé).   100 fr.

Courtisane écrivant une lettre d'amour. Par la fenêtre on voit des barques de pêcheurs et des jonques à l'ancre pour la nuit (Nagayé).   230 fr.

Un personnage vieux, hirsute et laid se fait coiffer et raser par une jolie servante. En sera-t-il embelli ? Un proverbe répond : *Oni no Juhashi :* à dix-huit ans le diable lui-même semble beau (Hosoyé. Béniyé).   55 fr.

Assise devant un suzuribako, une courtisane écrit une lettre. Par la fenêtre, maints passants la contemplent (Hosoyé).   210 fr.

Tirage en bistre. Deux jeunes femmes et un garçonnet revenant d'un pèlerinage à un temple shintoïste (Chuban).   100 fr.

Non signée.

La poétesse Murasaki Shikibu, pensivement assise à sa table, pluie. Elle tient à la main une branche de yamabuki. Allusion à l'histoire d'Ota Dokwan. Cette estampe est la moitié d'un diptyque (Chuban).   1.000 fr.

Une jeune fille et un garçonnet font une niche à une servante endormie (Chuban).   500 fr.

Deux barques se sont rencontrées, l'une est montée par deux jeunes filles, un galant samuraï dirige la seconde (Chuban).   280 fr.

Probablement la partie droite d'un diptyque, qu'on pourrait peut-être attribuer à Shiba Kokan, l'habile imitateur de Harunobu.

Enfants imitant le cérémonial d'une scène de lutte. D'une série de jeux enfantins (Chuban).   40 fr.

Trois bambins font voler des bulles de savon. C'est un jour d'automne et le haut de l'estampe porte une poésie sur ce thème (Chuban).   40 fr.

D'une série analogue à la précédente.

Chuban yokoyé (Sept planches de la série du mariage). 305 fr.

Jeune femme regardant un couple de cerfs s'ébattre sur une colline prochaine (Koban).   50 fr.

De la série *Jitaï Waka,* dix styles de poésie.

D'une terrasse deux jeunes filles contemplent le clair de lune (Koban).   50 fr.

Même série que ci-dessus. Non signée.

SIGNATURE DE L'ARTISTE

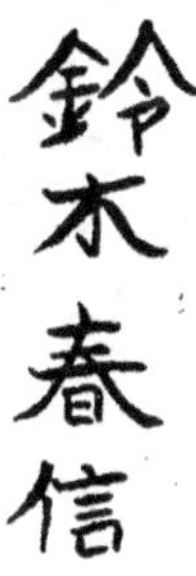

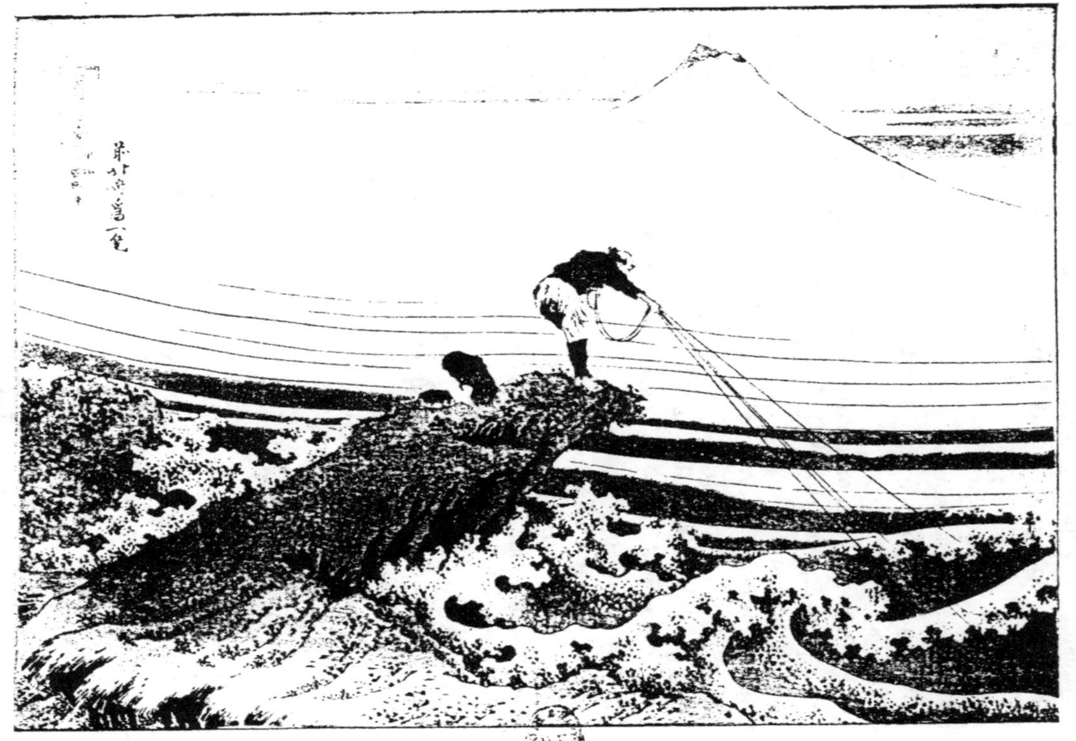

HOKUSAÏ. — Pêcheurs sur un rocher, retirant leurs filets.
Musée du Louvre.

PL. III.

HIROSHIGÉ

Hiroshigé naquit en 1797 et mourut en 1858. Il clôt la série des grands maîtres de l'estampe japonaise, car, après lui, il ne reste plus de grands talents à signaler. Il s'adonna à tous les genres et dans tous il fut remarquable par l'excellence de son dessin, et la tonalité harmonieuse de ses couleurs toujours bien disposées.

Dans ses débuts, il fit des acteurs et des femmes, ensuite des oiseaux, des poissons et surtout des paysages, qui le rendirent vite célèbre.

Avec Hokusaï, il est l'artiste aimé en Europe et, comme pour ce dernier, la raison en est que son genre et sa manière se rapprochent de notre entendement. Il contribua, dans une large mesure, à la renaissance de l'art japonais qui allait tomber dans la décadence après lui.

Il eut pour maître Utakawa Toyokiro, dont le style approchait de celui d'Hokusaï.

Il excellait dans les paysages à effets de lune, de pluie, de neige, etc., dont la plupart sont remarquables, ainsi que dans les scènes de voyage, tel sa « Cour d'auberge » (Collection Vever).

Il composa plusieurs suites de pièces, dont *Les cinquante-trois stations du Tokaïdo,* qui passent pour être son principal ouvrage.

Plusieurs autres séries ainsi que des planches séparées parurent ensuite et eurent un grand succès.

Il a laissé de nombreux *kakemonoye,* très estimés.

et des triptyques, dont un des plus fameux représente les *Montagnes dans la neige*.

Il illustra quelques livres en collaboration avec Kunisada.

Une des plus importantes collections de ses œuvres appartient au Dr Bigelow, de Boston, qui les exposa en 1888, dans cette ville.

Une autre exposition de ses œuvres eut lieu en 1893, à Paris, à la galerie Durand Ruel.

Hiroshigé eut peu d'élèves, mais beaucoup d'imitateurs qui adoptèrent son style, sans toutefois l'égaler, exception faite pour Hokuba.

Il y eut un artiste peu important qui s'appelait également Hiroshigé, et qui signait comme lui, mais qui produisit peu.

BIBLIOGRAPHIE

Fenollosa. — Bing. — Strange. — Burty. — Anderson. — Gonse. — Hayashi. — Von Seidlitz.

PRIX ATTEINTS DANS LES VENTES

En 1920 :

De la série des environs de Yedo :

La brume du soir.	700 fr.
Vol d'oies sauvages.	450 fr.
Deux jonques ancrées.	420 fr.

De la série des six rivières Tama :

Un daïmio suivi de ses trois serviteurs.	70 fr.
Petites princesses admirant le vol des oies sauvages.	130 fr.

De la série des aventures de Yoshitsuné :

La fuite de Tokiwa Gosen.	400 fr.
Soldats descendant des collines.	65 fr.

De la série des paysages célèbres du Japon :

Barques dans le port d'Hosaka.   60 fr.
Le pont allant jusqu'au ciel.   400 fr.

De la série des vues de Kioto :

La floraison des cerisiers.   350 fr.
Dîneurs attablés.   200 fr.

De la série du Tokaïdo :

Daïmio traversant un village.   70 fr.
Voyageurs traversant un pont.   105 fr.
Voyageurs dans la chaya Komeya.   55 fr.
Averse à l'entrée d'un village.   70 fr.
Lac entouré de hautes collines.   45 fr.
Les barques dans la baie de Miho.   105 fr.
Pêcheurs dans le brouillard du matin.   100 fr.
Voyageurs se chauffant.   80 fr.
Large pont sur la rivière Yahagi. Des voyageurs le tra-
    versent.   65 fr.

Séries diverses :

Les bords de la Sumida.   155 fr.
Pruniers fleuris.   80 fr.
Le Nihonbashi sous la neige.   155 fr.
Cerisiers au clair de lune.   90 fr.
Fête au Temple de Kinriu.   300 fr.
Vue d'une cascade (éventail).   480 fr.
Martin-pêcheur.   820 fr.
Canards dans les roseaux.   510 fr.
Pivoines roses épanouies.   145 fr.
Branches de prunier en fleurs.   90 fr.
Promeneurs admirant les cerisiers d'Asukayama (Oban
    yokoyé).   90 fr.
Yoshiwara Nenrei. Le jour de l'an dans le Yoshiwara. 90 fr.
Suzaki Shiwohi. La récolte des coquillages sur la plage de
    Suzaki.   35 fr.
Ryogoku Hanabi. Feu d'artifice au pont de Ryogoku.   50 fr.
Ryogoku Bashi. Feu d'artifice au pont de Ryogoku.   80 fr.

D'une série *Yédo Meisho*, vues de Yédo. Cette estampe

est une variante de la précédente. Ici il n'y a pas de cartouche et le feu d'artifice est différent.

Sumidagawa Hashiba no Watashi. Barques de passeurs sur la Sumida, un jour de printemps. 70 fr.

Kameido Temmangu. Les abords du temple de Kemmangu à Kameido. 35 fr.

Suzaki Benten no Yashiro. La récolte des coquillages devant le temple de Benten à Suzaki. 45 fr.

Takanawa Tsuki no Yubé. Clair de lune à Takanawa. 45 fr.

Eitaï Bashi Tsukudajima. Promeneurs sur le pont Etaï au crépuscule. 35 fr.

Asakusa Kinriuzan. Fête au temple de Kioriu à Asakusa. 300 fr.

D'une série *Toto Meisho no Uchi*, vues de Yédo.

Oji Takinogawa. Les érables à Oji. 30 fr.

De la série *Yédo Meisho*, vues de Yédo.

Ryogoku bashi. Une soirée d'été au pont de Ryogoku. 30 fr.

De la série *Shokoku Meisho*, vues des provinces. C'est ici la province de Musashi.

PAYSAGES EN HAUTEUR

Diptyque oban, partie de triptyque. Clair de lune sur un jardin au bord de la mer à Osaka. 130 fr.

Tirage rare, avec le nuage devant la lune.

Chutanzaku. Sumidagawa no Watashi. Barque de pêcheur au soleil couchant sur la Sumida. 250 fr.

De la série *Toto Meisho*, vues de Yédo.

Ryogoku no Hanabi. Feu d'artifice au pont de Ryogoku. 50 fr.

Même série que ci-dessus.

Aki Kianji Momiji. Les momiji à l'automne, au bord de l'eau. 45 fr.

De la série *Shiki Toto Meisho*, vues de Yédo aux quatre saisons. C'est la planche d'automne.

Fuyu Sumidagawa no Yuki. Paysan conduisant un radeau sur la Sumida un jour de neige. 90 fr.

Même série que ci-dessus. Planche d'hiver.

La poétesse Ono no Komachi devant une cascade fleurie de
cerisiers.   30 fr.
De la série *Rokkasen*, les six poètes.

ÉVENTAILS

Tirage en bleu. Odaki Tsunohazujuniso. Cascade à Tsuno-
hazujuniso.   480 fr.
Estampe datée de l'année du coq (1849).
Rokugo Hatsuharu no Fuji. Barque de passeur sur la rivière
Rokugo. (Pl. VI).   90 fr.
De la série *Fuji Sanju Rokkei*, les trente-six vues du
Fuji.
Kazusa Toriisaki. Jeunes femmes au bord de la mer devant le
torii d'un temple.   75 fr.
De la série *Boso Meisho*, vue des trois provinces : Awa,
Kazusa et Shimosa. C'est ici la planche de Kazusa. Estampe
datée de l'année du rat (1852).
Pêcheuses en barque près des îles Matsushima. Illustration
d'un poème de la poétesse Shéshonagon.   20 fr.
De la série *Onna Sanju Rokkasen*, trente-six poétesses.
Nori Tori. Jeune femme à la terrasse d'une chaya sur la
plage de Saudégaura. Des pêcheurs font la récolte des
algues.   65 fr.
De la série *Sodegaura Shiwomi hakkei*, huit vues de la
marée basse à Sodégaura. Estampe datée de l'année bissex-
tile du rat (1852).
Cortège de physalis animés.   45 fr.
De la série *Warawa Asobi Mitate Hoʒuki*, jeux d'en-
fants représentés par des physalis.
Kakitsubata. Iris bleus sur un étang.   575 fr.
De la série *Rokkasen no Uchi*, six fleurs choisies com-
parées aux six poètes. Estampe datée 4ᵉ du dragon (1856).
Ajisaï. Hortensias. Pl. VI.   160 fr.
Même série que ci-dessus. Datée 1 du serpent (1857).
Hana Aoï. Mauves fleuries.   100 fr.
Même série que ci-dessus. Datée 4ᵉ du dragon (1856).

FLEURS ET OISEAUX (KWACHO)

Chutanzaku. Grue et asters.   125 fr.
Martin-pêcheur volant au-dessus d'iris bleus.   820 fr.
Canards dans les roseaux.   510 fr.
Rossignol et chrysantèmes roses.   200 fr.
Héron blanc dans un marais.   120 fr.
Vol d'oies sauvages devant le disque de la lune.   295 fr.
Geai posé sur une branche de mauves.   200 fr.
Faisan auprès de crosses de fougères.   285 fr.
Paon sur le tronc d'un momiji.   150 fr.
Fond bleu. Moineaux et camélias, par la neige de février 65 fr.
Fond jaune. Gros bec et clématites roses.   55 fr.

TOTO MEISHO (VUES DE YÉDO)

En 1921 :

Cette série est la première des Toto Meisho publiés par
Hiroshigé. On lui donne généralement comme date 1830.
Ryogoku no Yoisuki. Clair de lune sous le pont de Ryogoku
(Oban yokoyé).   600 fr.
Takanawa no Meigetsu. Vol d'oies sauvages sur la baie de
Takanawa (Oban yokoyé).   •   400 fr.
Tsukudajima Hatsu Hototogisu. Coucou volant au crépus-
cule au-dessus des barques ancrées à Tsukudajima (Oban
yokoyé).   250 fr.
Shibaura Shiohi no Zu. La marée basse à Suzaki au soleil
couchant (Oban yokoyé).   150 fr.
Shinyoshiwara Asazakura no Zu. Les cerisiers fleuris dans le
Yoshiwara (Oban yokoyé).   230 fr.

OMI HAKKEI (HUIT VUES D'OMI)

Karasagi no Yau. La pluie du soir à Karasagi (Oban
yokoyé).   240 fr.
Katata no Rakugan. Vol d'oies sauvages à Katata (Oban
yokoyé).   200 fr.
La même estampe sans l'effet du soleil couchant (Oban
yokoyé).   280 fr.

Yabasé no Kihan. Le retour des barques à Yabasé (Oban
 yokoyé).   140 fr.
Awasu no Seïran. Temps calme dans la baie d'Awasu (Oban
 yokoyé).   120 fr.

TOTO MEISHO (VUES DE YÉDO)

Série publiée de 1855 à 1843. Les titres des estampes et
les cachets des éditeurs sont inscrits dans les marges, ici
rognées.

Nihonbashi Yo no Hahu-u. Pluie d'orage sur le Nihonbashi
 (Oban okoyé).   210 fr.
 Signée : Hiroshigé. Cachet Ichiryusaï. Editeur Sanoki
(son nom est inscrit sur l'ombrelle d'un des personnages).
Masaki Yukiharé no Zu. Radeau à Masaki un jour de neige
 (Oban yokoyé).   95 fr.
 Signée : Hiroshigé. Cachet Utagawa.
Shiba Shinmei Keidaï. Pèlerinage au temple de Shinmei
 (Oban yokoyé).   50 fr.
Nichomachi Shibai no Zu. Foule dans la rue des théâtres
 (Oban yokoyé)   55 fr.
Shiba Zojoji Sannaï no Zu. Enterrement traversant la cour du
 temple Zojoji (Oban yokoyé).   25 fr.
Kameido Fuji no Hana. Le jardin des glycines à Kameido
 (Oban yokoyé).   25 fr.
Ryogokubashi Noryo. Feu d'artifice au pont de Ryogoku
 (Oban yokoyé).   65 fr.
Matsuchiyama no Zu. La neige à Matsuchiyama (Oban yo-
 koyé).   90 fr.

SIGNATURE DE L'ARTISTE

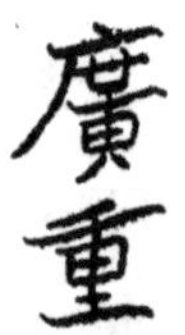

HOKKEI (Uvoya)

Ce fut l'un des plus anciens et des meilleurs
élèves d'Hokusaï. Il naquit en 1780 et mourut vers
1860. D'après Hayashi, il signa de divers noms :
Todoya, Kiyen, Kiosaï. Il produisit de nombreux
livres illustrés de portraits et de vues. Il fit des
surimonos très estimés, aussi beaux et aussi riches
que ceux d'Hokusaï.

BIBLIOGRAPHIE

Hayashi. — Anderson. — Burty. — Fenollosa.

PRIX ATTEINTS DANS LES VENTES

En 1920 :

Un couple (surimono).   150 fr.
Chat guettant un papillon (surimono).   100 fr.
Singe jouant avec un chien (surimono).   55 fr.

SIGNATURE DE L'ARTISTE

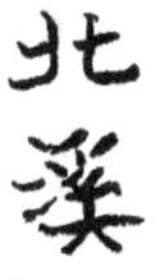

HOKUBA

Hokuba fut l'un des plus anciens élèves d'Hokusaï. Il travailla entre 1800 et 1840. Il prit alors le
nom de Teisai. Il illustra de nombreux ouvrages,
d'abord dans la manière d'Hokusaï, ensuite dans
celle de Kunisada et d'Hiroshigé.

Ses œuvres les plus courantes sont des oiseaux,
des fleurs, des paysages et quelques bons surimonos.

BIBLIOGRAPHIE

Fenollosa. — Anderson. — Bing.

PRIX ATTEINTS DANS LES VENTES

Ses œuvres atteignent des prix variant de 80 à 400 francs.

SIGNATURE DE L'ARTISTE

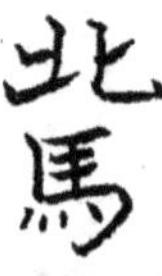

HOKUSAI

de son vrai nom :

Katshushika Hokusaï Shunro

C'est l'artiste japonais le plus connu en Europe et auquel on accorde, à tort, une importance trop grande, sans doute parce que son œuvre se rapproche davantage de notre genre et de notre manière, parce que ses estampes sont très plaisantes à l'œil, parce que c'est de lui qu'on entend le plus parler et qu'il fut l'un des premiers auxquels une monographie fut consacrée en France par de Goncourt, en 1896.

Dans la *Revue Blanche*, Bing (1896) fit paraître une étude très intéressante : « La jeunesse d'Hokusaï », et d'autres auteurs lui ont consacré des chapitres entiers.

Il naquit, en 1760, à Yédo, où il fut mis tout jeune, en apprentissage, chez un libraire.

Il fut l'élève de Shunsho et commença à produire quelques estampes sur les acteurs et les scènes de théâtre, qu'il signait alors Katsukawa Shunro, ainsi que quelques biyoshi.

Il signa ensuite tout simplement Shunro, puis Mugura Shunro, Tokitaro Kako, Sori, Tawaraya Sori, Hiakurin Sori, Hokusaï Sori, et enfin Hishikawa Sori.

Toutes ces dernières signatures se retrouvent prin-

cipalement dans ses illustrations de livres, mais peu
dans l'estampe.

Vers la fin du XVIIIe siècle il signa Taïto, puis en
1820 Iitsu. Quelques paysages de lui portent sa
signature dans le sens horizontal, à la manière euro-
péenne, ce qui indique combien il subissait l'influence occidentale.

Hokusaï a un grand mérite qu'on ne peut lui
contester : celui d'avoir dirigé l'art japonais dans une
voie nouvelle et heureuse et d'avoir travaillé la pers-
pective d'une façon régulière, chose rare chez ses
prédécesseurs. Il fut un grand artiste de l'estampe et
les collectionneurs recherchent particulièrement ses
pièces, notamment ses paysages animés, ses scènes
de nuit et ses surimonos dont il produisit un grand
nombre, très beaux et somptueux.

Une des plus belles collections de ses œuvres
appartient au Dr Bigelow, de Boston.

Il fut le poète de la femme, des enfants, des
scènes intimes, des paysages animés, de la fleur,
des oiseaux, des crustacés, des scènes d'intérieur
ou de plein vent, etc., le tout traduit avec charme
et remarquable par la vigueur de l'ensemble, la
symphonie des couleurs et une grande perfection
dans le dessin et l'anatomie.

Il produisit plusieurs suites de croquis, dont les
plus importants parurent dans son livre : *Mangwa*
(croquis de fantaisie), en 14 volumes.

Vers la fin de sa vie, il devint professeur de dessin
et publia un traité sur ce sujet.

Parmi ses plus célèbres estampes nous citerons
les 36 vues de Fuji (volcan près de Yédo), en format

moyen, la halte à l'auberge, la cascade de Yoro, les grues dans la neige, oiseaux et fleurs, les voyageurs, etc., etc.

Il produisit également quelques livres érotiques qu'il illustra en blanc et noir ou en couleurs.

Il forma un grand nombre d'élèves dont quelques-uns l'égalèrent au point que l'on confond souvent leurs œuvres avec celles de leur maître.

Parmi ces élèves, citons : Taiagaku, Sekkio, Tomoho, Ichiden, Bekwa, Kiokutei, qui ont fait principalement des plantes, des fleurs, des oiseaux et des paysages.

Hokusaï mourut en 1849, à l'âge de 89 ans.

Sa production fut considérable. Certaines de ses pièces sont rares et atteignent des prix très élevés.

BIBLIOGRAPHIE

De Goncourt : *Hokusaï*. Paris, 1896. — Bing : *La jeunesse d'Hokusaï (Revue Blanche)*. — Fenollosa, catalogue. — Strange, catalogue. — Anderson, catalogue. — Duret : *Critique d'avant-garde*. — Brinckmann, catalogue. — Von Seidlitz : *Les estampes japonaises*. Paris, 1911. — Focillon (Henri) : *Hokusaï*. A Paris, chez Alcan.

PRIX ATTEINTS DANS LES VENTES

En 1920 :

Le Fuji vu de Umezawa.	100 fr.
Pêcheuses d'awabi.	160 fr.
Clair de lune sur une rivière.	130 fr.
Pêcheurs à marée basse.	130 fr.

Intérieur d'une maison (pentaptyque oban). Les cinq feuilles
    représentent la cuisine, les salles de réception et la terrasse
    où bavardent des geisha.   320 fr.

Carpe remontant un courant (oban tateyé).   270 fr.

Hirondelles et volubilis. Tirage en bleu (Chuban).   100 fr.

Enfants près d'un étang ont attrapé une tortue qu'ils font admi-
    rer à leur mère.   40 fr.

Voyageuses auprès du mont Fuji.   70 fr.

Sur une terrasse de maison, une jeune dame est debout en-
    tourée de ses suivantes.   120 fr.

Voyageuses sur la route de Tokaïdo. Elles sont suivies de
    serviteurs conduisant un cheval chargé de bagages.   80 fr.

Scène de l'amoureux jouant de la flûte à la porte du jardin de
    sa maîtresse.   50 fr.

SURIMONOS

Paysans vannant du riz dans la cour d'une ferme.   55 fr.

Azalées roses devant une haie au bord de l'eau.   130 fr.

Troupe de grues dans un étang.   150 fr.

Touffes de chrysanthèmes blancs et roses.   80 fr.

Oiseau vert perché sur une branche de prunier en fleurs. 155 fr.

Série des vues du Fuji :

Le Fuji par un beau temps.   3.000 fr.

L'éclair.   1.350 fr.

Le Fuji vu d'un campement.   150 fr.

Le Fuji vu de Hodagaya.   360 fr.

—   Yenoshima.   400 fr.

—   Umezawa.   610 fr.

—   Shimo Meguro.   240 fr.

—   Senju.   350 fr.

—   Goten Yama.   160 fr.

Série des ponts :

Pont de la lune reflétée.   130 fr.

Le Funabashi à Sano.   450 fr.

Le Tsuribashi.   410 fr.

Le Kintaibashi.   220 fr.

Série des cascades :

Cascade de Kirifuri.		210 fr.
—	Ono.	480 fr.
—	Kiyotaki.	110 fr.
—	Uma Arai.	360 fr.
—	Amida.	110 fr.
—	Yoro.	230 fr.
—	Roben.	160 fr.
—	Aoyegaska (Yédo).	120 fr.

En 1921 :

Le pêcheur Urashima Taro arrivant dans le palais de la princesse Otohimé, conduit par la tortue (Oban yokoyé). 27 fr.

De la série *Shin Pan Ukiyé,* nouvelle série d'Ukiyé.

Henkwai Komon no Kwai. Réunion à Komon. Illustration d'une histoire chinoise (Oban yokoyé). 27 fr.

Jeune homme jouant de la flûte à la porte de son amie (Oban yokoyé). 25 fr.

De la série *Ukiyé Genji Juniden,* 12 actes du Genji représentés en Ukiyé.

Ryogoku Bashi yu Suzumi Hanabi Keibutsu. Promeneurs regardant un feu d'artifice au pont de Ryogoku (Oban yokoyé). 25 fr.

Noto no Kami Noritsuné. Le guerrier Taïra no Noritsuné terrassant ses adversaires (Chuban yokoyé). 25 fr.

Signée : Shunro.

Portrait d'Oïran. Le haut de l'estampe est orné d'une poésie à sa louange (Oban tateyé rogné). 32 fr.

Cette estampe est complète quand elle porte un poème inscrit sur un tanzaku.

Signée : Katsushika Taïto.

SÉRIES DES FLEURS

Fond jaune. Pivoines roses au-dessus desquelles vole un papillon par grand vent (Oban yokoyé). 720 fr.

Signée : Saki no Hokusaï I-itsu.

Campanules violettes et libellule (Oban yokoyé). 400 fr.

Même signature.

Chrysanthèmes sur lesquels vole une abeille (Oban yokoyé).
    Même signature (Oban yokoyé).   570 fr.
Iris bleus sur un étang (Oban yokoyé).   110 fr.
    Même signature.
Fond bleu. Orchidées fauves (Oban yokoyé).   600 fr.
    Même signature.
Un martin-pêcheur volant au milieu des iris et des œillets.
    (Chuban tatéyé).   110 fr.
        Signée : Saki no Hokusaï I-itsu.
Serin et pivoines roses (Chuban tatéyé).   65 fr.
    Même signature.
Gros bec perché sur une branche de magnolia (Chuban ta-
    téyé).   50 fr.
    Même signature.
Fond bleu. Deux *Mozu* au-dessus d'un fraisier (Chuban).
    Même signature.   70 fr.
Fond bleu. Rossignol sur un rosier fleuri (Chuban).   50 fr.
    Même signature.
Gros bec et belles-de-nuit (Chuban).   50 fr.
    Même signature
Deux planches d'une série *Kanazawa Hakkei*, huit vues de
    Kanazawa (Yotsugiri yokoyé).   305 fr.
        Signée : Hokusaï Utsusu (Signature imitant une signa-
    ture européenne).
Trente-six planches sur cinquante-six de la série *Tokaido
    Gojusantsugi*. Les cinquante-trois stations du Tokaido
    (Chuban tatéyé).   535 fr.
    Non signées.
Neuf planches de caricatures. Illustrations d'histoires co-
    miques (Chuban tatéyé).   25 fr.
    Signées : Zen Hokusaï.
Cinq planches de la série du Tokaido. Trois sont de grand
    format, deux d'un plus petit (Format en largeur).   220 fr.
    Signées : Gwakiojin Hokusaï.
Qnatre-vingt-dix-sept planches de la même série (Petit for-
    mat).   135 fr.
Un groupe d'arpenteurs officiels occupés à lever des plans,

au bord d'une baie. Les noms des principaux arpenteurs
sont donnés dans un cartouche à côté de chacun d'eux
(Oban yokoyé de grand format).   50 fr.

Signée : Motomé ni Ozu (sur commande) Manji Rojin, à
l'âge de 89 ans.

Deux planches : Jeunes femmes (Koban tirés en maruyé).
Non signées.   35 fr.

SURIMONOS

Jeune mère allaitant son bébé. Illustration d'un poème
(Petit surimono en hauteur).   100 fr.
Signée : Sori.

Trois jeunes femmes jouant aux cartes (Petit surimono en
longueur).   50 fr.
Signée : Tawaraya Sori. Cachet Hayashi.

Deux jeunes femmes se disputant une lettre (Surimono
carré).   52 fr.
Signée : Sori.

Jeune femme, le buste nu se lavant le visage. C'est une ré-
clame vantant une poudre destinée aux ablutions (*on
Araiko*) (Surimono en largeur).   52 fr.
Même signature.

Une jument et son poulain. Illustration de poésies (Surimono
oban).   55 fr.
Même signature.

Trois jeunes belles, une Chinoise, une Japonaise et une In-
dienne. Illustration de poésies (Surimono en largeur.
Impression sur papier crêpé).   52 fr.
Signée : Okusaï Sori.

Une jeune femme examine sa coiffure en conjuguant deux
miroirs. Derrière elle la coiffeuse attend des compliments
(Petit surimono en largeur).   52 fr.
Signée : Sori aratamé Hokusaï. Cachet Hayashi.

Jeune paysanne d'Ohara portant un fagot sur sa tête (Petit
surimono en hauteur).   40 fr.
Signée : Saki no Sori Hokusaï. Cachet Hayashi.

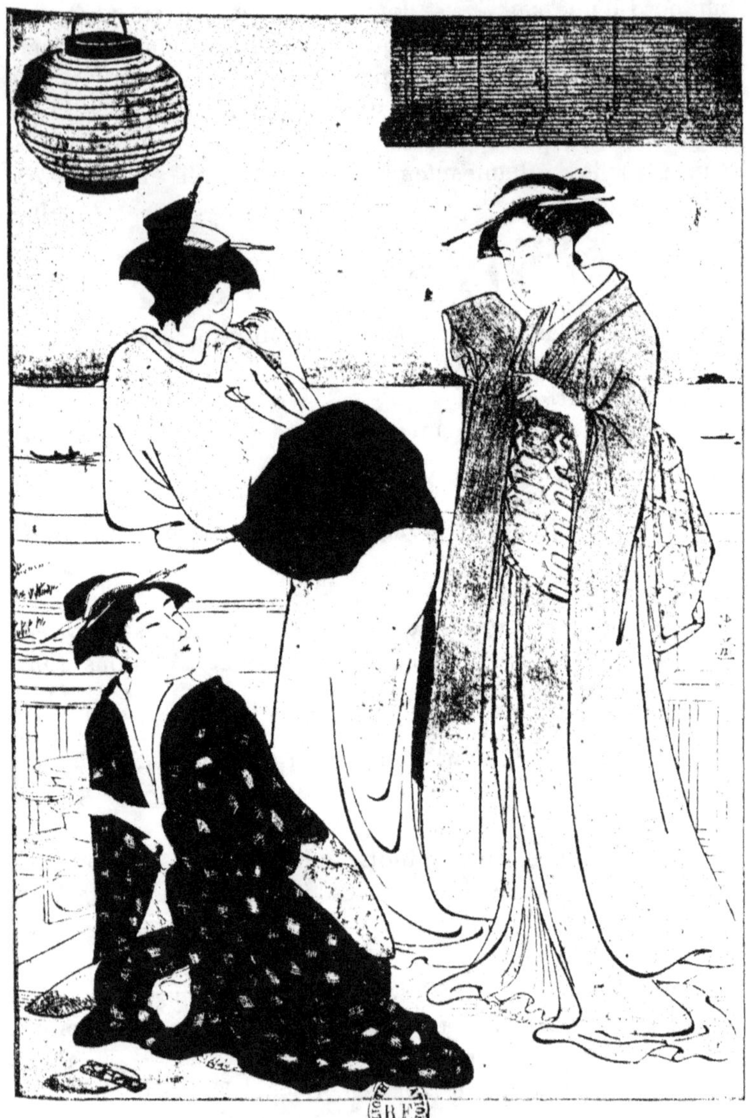

KIYONAGA.   Trois geishas sur la terrasse d'une chaya,
au bord de la Sumida.
(Musée du Louvre.)

PL. IV.

Étagère contenant des livres et des kakémonos (Surimono en largeur). 40 fr.

Signée : Sori. Cachet Hayashi.

Jeunes femmes dans un jardin que traverse un ruisseau. L'une d'elles écrit sur un tanzaku un poème à la louange des yamabuki (Grand surimono en largeur). 70 fr.

Signée : Hokusaï Sori.

Deux jeunes femmes et un bambin se promenant dans la campagne. De l'autre côté de la route, des archers s'exercent au tir (Grand surimono en largeur). 55 fr.

Signée : Sori.

Couple d'amoureux (Surimono carré). 25 fr.

D'un sac entr'ouvert sont sorties des prunes rouges. Un poème l'affirme (Surimono carré). 25 fr.

Signée : Hokusaï aratamé I-itsu.

Portrait d'acteur illustrant un poème à sa louange (Surimono carré). 48 fr.

Signée : Hokusaï aratamé Katsushika I-itsu.

Personnages se rendant à une fête au temple Sumiyoshi, près d'Osaka. Ils ont revêtu des déguisements grotesques (Surimono carré). 48 fr.

Signée : Zen Hokusaï Taïto.

Servante de chaya jetant des graines à des volailles (Surimono en hauteur). 55 fr.

Signée : Gwakiojin Hokusaï.

Fillette attendant son amoureux au bord de l'eau, un soir de printemps. Au haut de l'estampe, une poésie sur ce thème (Surimono en hauteur). 55 fr.

Même signature.

Rossignol perché sur un prunier en fleurs. Illustration de poèmes printaniers (Surimono en largeur). 25 fr.

Signée : Gwakiojin Hokusaï. Cachet Hayashi.

Jeunes filles faisant danser des marionnettes (Petit surimono en largeur). 50 fr.

De la série *Noroma Kiogen*, suite de pièces de Nô comiques.

Même signature. Cachet Hayashi.

Jeunes femmes revenant d'un pèlerinage à Yénoshima (Grand surimono en largeur). 50 fr.

Même signature.

Jeunes femmes dans la cour du temple de Méguro Fudo (Grand surimono en largeur). 27 fr.

Même signature.

Deux jeunes filles apprenant à un chien à faire le beau (Petit surimono en largeur). 27 fr.

De la série *Junishi no Uchi*, les douze signes du zodiaque, signe *Inu*, chien.

Même signature.

ŒUVRES DES ÉLÈVES D'HOKUSAI

Les prix des estampes de ces auteurs ont varié entre 25 et 100 francs

SIGNATURES DE L'ARTISTE

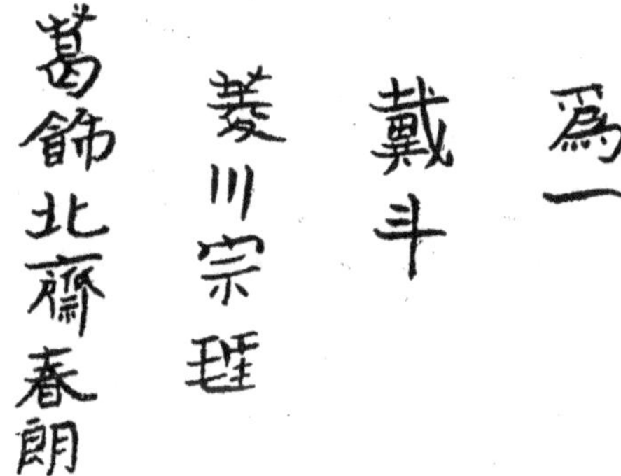

HOKUJU

Ce fut l'un des meilleurs élèves d'Hokusaï, dont la production s'étend de 1800 à 1830. Il se spécialisa dans des dessins de marines et de bords de rivières, avec personnages qu'il traitait dans le style européen.

BIBLIOGRAPHIE

Duret. — Fenollosa. — De Goncourt.

PRIX ATTEINTS DANS LES VENTES

En 1920 :

Bateaux à l'ancre, sur la rivière Asakusa.	200 fr.
Barques à Nihonbashi.	220 fr.
Pont à Ochano.	80 fr.
Les rochers sacrés d'Isé.	115 fr.
La pêche des sardines.	60 fr.

SIGNATURE DE L'ARTISTE

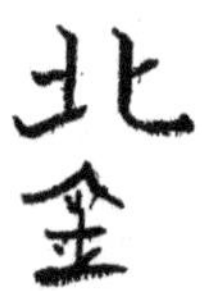

ITSUCHO (Hanabusa)

Cet artiste ne fut pas, à proprement parler, un auteur d'estampes et ses dessins n'étaient pas destinés à être reproduits par la gravure. Les reproductions du reste ne furent exécutées que longtemps après sa mort, dans la deuxième moitié du XVIIIᵉ siècle, et servirent à illustrer divers ouvrages.

On ne connaît de lui aucune pièce séparée.

Il vécut de 1651 à 1724.

BIBLIOGRAPHIE

Anderson. — Von Seidlitz.

SIGNATURE DE L'ARTISTE

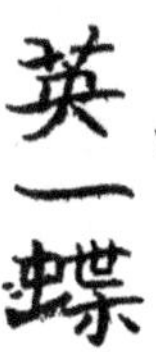

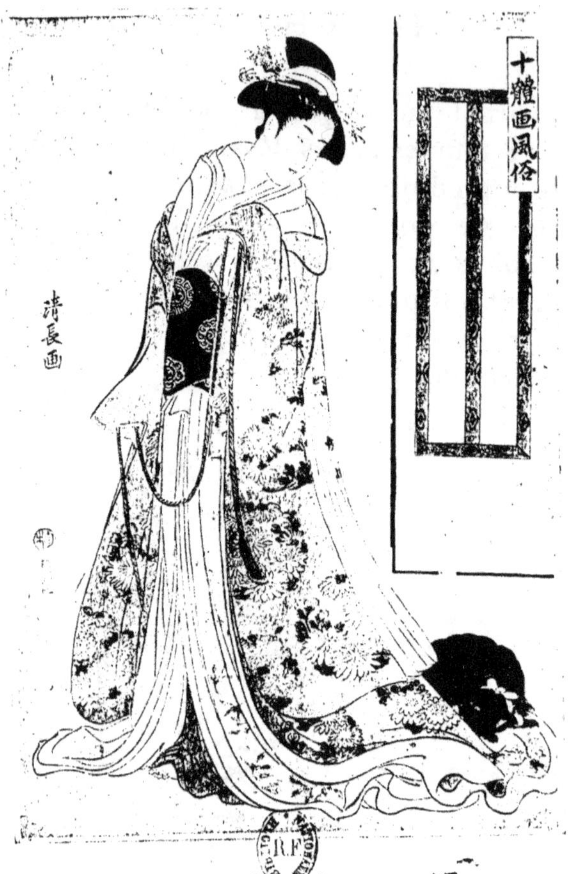

KIYONAGA. — Jeune femme au chien.

PL. V.

KIYOHIRO (Torii)

Cet artiste, qui travailla de 1750 à 1765, continua avec succès la tradition des Torii. Il produisit peu et on ne connaît de lui que quelques livres illustrés en blanc et noir et quelques estampes séparées en deux tons et en trois tons. Il se spécialisa dans les scènes d'acteurs et dans quelques sujets gracieux en plein air, tel son « couple sous un parasol ».

Son style est plaisant et son dessin correct.

Ses œuvres sont recherchées et quelques-unes atteignent des prix élevés.

BIBLIOGRAPHIE

Anderson. — Bing. — Fenollosa.

PRIX ATTEINTS DANS LES VENTES

En 1920 :

Couple sous un parasol.	3.800 fr.
Jeune homme se promenant auprès d'un cours d'eau.	750 fr.
L'acteur Tominosuké en courtisane.	480 fr.
L'acteur Ichimatsu en komuso.	700 fr.

SIGNATURE DE L'ARTISTE

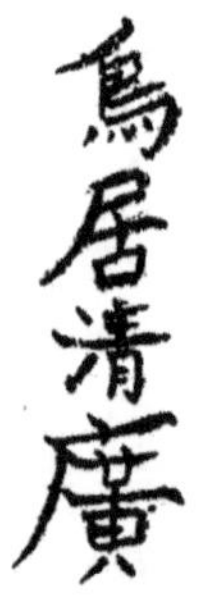

KIYOMASU (Torii)

C'est le second des Torii, aussi célèbre que le premier (Kiyonobu), dont il était le frère (d'après Fenollosa). Il serait né vers 1680 et mourut vers 1760. Il exécuta d'abord ses œuvres en blanc et noir, quelques-unes coloriées à la main, puis, après l'invention de l'impression en deux tons il s'adonna à ce genre, produisant des gravures pleines de vie et de vigueur.

Il fit surtout des estampes d'acteurs et des scènes de théâtre, ainsi que des kakemonos, quelques livres d'images et des *urushigé*.

Plusieurs de ses dessins furent reproduits par l'estampe au XIXe siècle, notamment par Shonosuke.

BIBLIOGRAPHIE

Anderson. — Burty. — Fenollosa.

PRIX ATTEINTS DANS LES VENTES

En 1920 :

Oïran se penchant sur une lettre.	4.000 fr.
Les acteurs Danjuro et Ebizo.	200 fr.
L'acteur Ebizo.	380 fr.
Le montreur de singe.	500 fr.
L'acteur Ichimura Tazo.	600 fr.
Deux acteurs portant un arbuste.	100 fr.

SIGNATURE DE L'ARTISTE

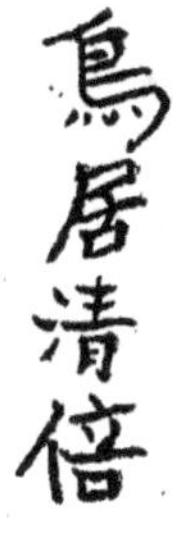

KIYOMITSU (Torii)

Kiyomitsu compte parmi les plus célèbres artistes du Japon. Il était le chef de la troisième génération des Torii. Il vécut de 1735 à 1785. C'est lui, avec Shigenaga, qui employa, pour la première fois, une troisième planche pour obtenir l'impression en trois tons. Son œuvre, d'un art élevé et pur, influença plusieurs artistes de son temps et d'autres venus après lui. Son style se rapprochait de celui de Kiyonobu. Son dessin est habile et ses figures généralement gracieuses.

Il produisit des estampes en deux tons et en trois tons. On ne connaît de lui que quelques rares épreuves en noir et aucune en plusieurs couleurs. Il fit des acteurs, des scènes d'intérieur, des danseuses, des scènes de bain, quelques rares estampes d'oiseaux et des kakemonoye.

BIBLIOGRAPHIE

Anderson. — Fenollosa. — Hayashi.

PRIX ATTEINTS DANS LES VENTES

En 1920 :

Musiciennes accompagnant deux danseuses sous un cerisier en fleurs.   2.500 fr.

L'acteur Matsusuke dans le rôle de Bijo Osen (tirage en noir).   100 fr.

L'acteur Segawa Kikunojo dans le rôle féminin de Masago no Maye (Beniye).   250 fr.

L'acteur Ichimura Kamezo en samuraï (Beniye).   40 fr.
L'acteur Raïso dans le rôle de Kawasu Saburo.   680 fr.
La danse de Sambaso.   2.400 fr.
L'acteur Onoe Kikuguru.   100 fr.
L'acteur Bento Hikusaburo.   190 fr.

SIGNATURE DE L'ARTISTE

鳥居清満

KIYONAGA (Torii)

Cet artiste naquit en 1742 et mourut en 1815. Il fut l'un des maîtres, sinon le maître de l'estampe japonaise, qu'il libéra de tout conventionnalisme. Ses premières productions étaient en trois couleurs, puis polychromes après 1765.

Ses œuvres sont remarquables par la pureté du dessin, par l'expression, la composition, et aussi par l'effet des couleurs, le tout d'une grande conception artistique. Il éleva réellement l'art japonais à sa plus haute perfection. Comme Shunsho, Kiyonaga produisait ses estampes dans les tons éteints, mais avec plus de simplicité et de modestie.

Il eut une influence énorme sur les artistes de son temps et eut, par la suite, un grand nombre d'imitateurs, notamment Koriusaï, avec lequel il fut en rivalité.

Avant lui, la plupart des peintres, dans le but d'obtenir un effet décoratif, exagéraient la forme du corps humain, le représentant trop mince ou trop flexible, les traits du visage trop délicats, les mains et les pieds trop petits.

Kiyonaga remit les choses en place et dessina le corps humain dans ses proportions normales, en respectant sa symétrie.

Les Européens lui préfèrent Hokusaï, dont la manière se rapproche davantage de notre entendement, mais les Japonais prônent davantage Kiyonaga, pour la même raison, vis-à-vis du leur.

Chez lui, les effets sont produits par la distribution aussi vraie qu'harmonieuse des couleurs, au point qu'on peut, sans exagération, le compter parmi les premiers paysagistes du Japon.

Il était le chef de la quatrième génération des Torii et il en fut le plus illustre, jusqu'en 1800, époque à laquelle arriva le déclin. Alors son dessin et ses couleurs varièrent, mais dans le sens de la faiblesse, comme couleur et comme exécution.

Sa production fut importante, notamment en scènes de théâtre, paysages animés, fêtes de nuit, groupes de femmes, scènes galantes ou de toilette, parties de bateaux, effets d'orages ou de pluie, animaux, et aussi en kakemonoyé dont il fut l'un des plus importants dessinateurs.

Actuellement, ses estampes sont très recherchées et atteignent des prix élevés. Récemment dans une vente, à New-York, l'une d'elles atteignit ainsi le prix respectable de 3.150 dollars.

BIBLIOGRAPHIE

Fenollosa. — Anderson. — Strange. — Bing. — Goncourt. — Outtline. — Von Seidlitz.

PRIX ATTEINTS DANS LES VENTES

En 1921 (Vente Manzi) :

Jeune Samuraï tenant un faucon sur son poing.	220 fr.
Jeune femme et son amant.	2.100 fr.
L'acteur Segawa Kikunojo en costume de daïmio.	280 fr.

Deux jeunes femmes sur la rive de la Sumida.   1.500 fr.
Planche d'un triptyque : jeunes femmes et enfants.   1.500 fr.
Jeune homme et une geisha à la terrasse d'une chaya. 2.800 fr.
Trois courtisanes se promènent suivies de leur
    Kamuro.   8.500 fr.
Jeunes femmes à la porte d'un jardin.   400 fr.
Un homme et une femme portant un garçonnet.   750 fr.
Accompagnée par trois musiciennes qui jouent du shamisen,
    une fillette danse la *Kikujido odori,* danse des chrysan-
    thèmes. C'est le jour de la fête du quartier de Kanda
    (Kanda gossaïré) (Chuban).   90 fr.
Sur la terrasse d'un restaurant, à Shinagawa, un jeune homme
    cause avec deux geisha (Chuban).   1.000 fr.
        De la série *Minami Juniko,* les douze mois du sud. C'est
    ici le mois de Sangatsu (mars) (Chuban).
Jeunes femmes se rendant au temple bouddhique de Kaïanji,
    à Shinagawa. C'est le mois de Kugatsu (septembre) (Chu-
    ban).   450 fr.
Jeunes femmes à la porte d'un jardin au bord de la Sumida.
    Leur bateau est amarré dans les joncs (Chuban).   400 fr.
        De la série *Koto Hakkei,* huit vues de Yédo. Le titre
    particulier de cette estampe est *Tomigaoka Banshu,* le
    retour des barques à Tomigaoka.
Après le bain, deux jeunes femmes au balcon d'une auberge
    de Miyanoshita, se reposent en contemplant le paysage
    (Chuban).   1.200 fr.
        De la série *Hakoné Shichito Meisho,* sept stations ther-
    males à Hakoné.
Dans une Chamise (maison de thé) de Yushima, une jeune
    femme assise sur un banc écoute les propositions que lui
    fait un galant. Une jalouse les épie (Chuban).   550 fr.
        De la série *Chamise Jukkei,* dix fameuses maisons de
    thé de Yédo.

Trois personnages dans une barque.   200 fr.
Courtisane en costume de voyage.   350 fr.
Oiran avec ses suivantes.   1.320 fr.

Deux geishas en promenade.   2.400 fr.
Deux jeunes filles et servante endormies.   1.800 fr.
Deux dames sur la terrasse d'un palais.   700 fr.
L'orage (planche d'un triptyque).   2.800 fr.
Bateau de plaisance de la Sumida.   1.000 fr.

SIGNATURE DE L'ARTISTE

鳥居清長

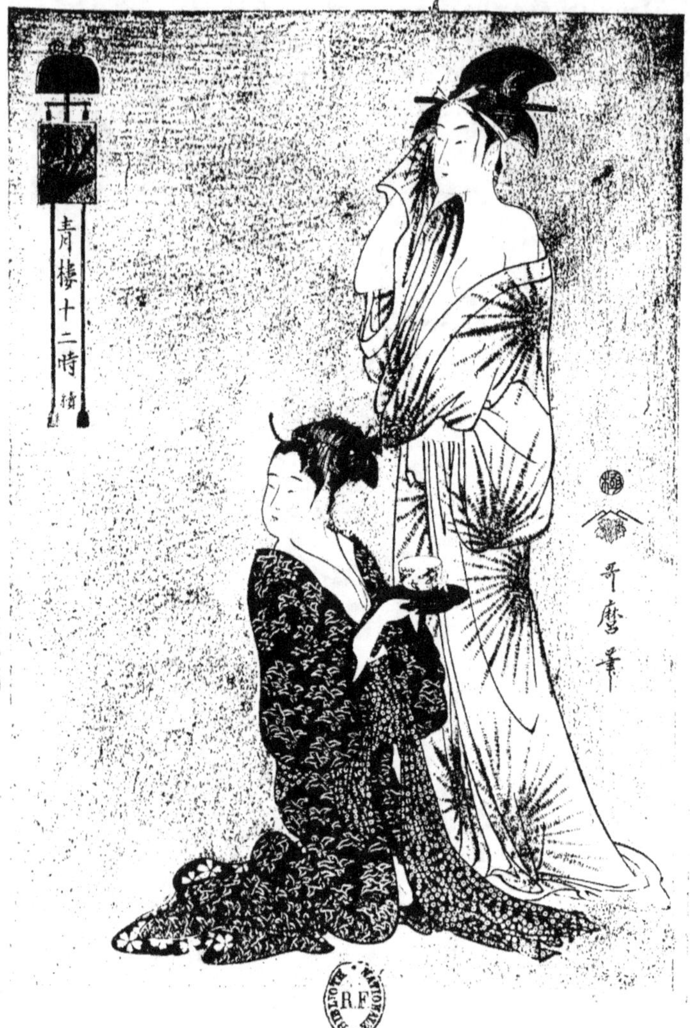

OUTAMARO. — Jeune femme au sortir du bain.

KIYONOBU (Torii)

C'est lui qui fut le créateur de l'école des Torii, célèbre par ses beaux effets décoratifs.

Kiyonobu se spécialisa dans les scènes de théâtre et fut un peintre d'acteurs de grand talent, quoique laissant un peu à désirer comme dessinateur.

Il naquit vers 1665 et mourut vers 1730.

Ses premières estampes représentant des portraits d'acteurs étaient coloriées à la main, et par endroits vernies à la laque (l'impression à deux tons n'était pas encore découverte). Ce n'est que vers la fin de sa carrière qu'il fit paraître quelques pièces en deux tons, sur petit format *hossoye*.

Il publia également plusieurs livres illustrés qui eurent du succès.

BIBLIOGRAPHIE

Hayasi. — Fenollosa. — Anderson. — Strange.

PRIX ATTEINTS DANS LES VENTES

En 1920 :

L'acteur Hagheno Isaburo.	355 fr.
Acteurs dans un drame.	100 fr.
Courtisans peignant un paravent.	100 fr.

SIGNATURE DE L'ARTISTE

鳥居清信

KIYOTSUNE (Torii)

Il travailla vers 1770 et fut le contemporain de Kiyonaga. On a très peu de renseignements précis sur sa vie et son œuvre. Il fit des illustrations de livres et quelques estampes en deux et trois tons, représentant des scènes d'acteurs.

BIBLIOGRAPHIE

Bing. — Hayashi. — Fenollosa.

PRIX ATTEINTS DANS LES VENTES

En 1920 :

L'acteur Raïso.	250 fr.
L'acteur Hanohiro.	360 fr.
L'acteur Otani portant un coffret (beniye).	230 fr.
Jeune femme dansant la Shakkio (Hosoyé).	90 fr.
L'acteur Danjuro (Hosoyé).	70 fr.
L'apothéose de Danjuro (Hosoyé).	100 fr.
L'acteur Sempachi dans le rôle d'Hekiu (Beniye).	870 fr.

SIGNATURE DE L'ARTISTE

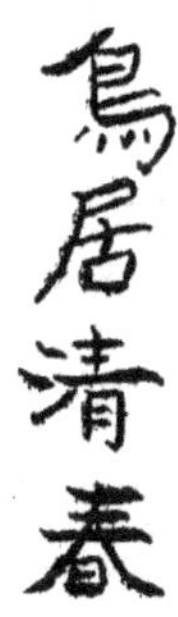

KORIUSAI

Le vrai nom de Koriusai était Isoda Shobei. Il fut, d'après Hayashi, élève de Shigenaga, et fut surtout en vogue vers 1770-1780, époque à laquelle il atteignit sa plus grande perfection. Kiyonaga fut alors son rival.

Il se spécialisa surtout dans le dessin d'animaux, qu'il sut traiter dans leurs véritables attitudes. Hérons, corbeaux, grues, coqs, canards, perroquets, etc., sont reproduits dans ses estampes avec une étonnante vérité. Son dessin était audacieux, mais précis ; son coloris était chatoyant et vigoureux. On lui reproche d'avoir employé souvent un rouge orange, à base de plomb qui a tourné au noir par oxydation. Il employa d'une façon heureuse et habile les gaufrages.

Ce fut, en résumé, un des meilleurs dessinateurs de l'école japonaise.

Il fut également l'un des auteurs les plus importants de kakemonoyé.

Plusieurs livres ont été illustrés par lui, en blanc et noir.

Ses autres productions, notamment celles où il représente des femmes et des enfants, sont gracieuses et pleines de vie.

Une partie de ses œuvres fut exposée, en 1910, à Paris, au pavillon de Marsan, et reproduite dans un album par M. Raymond Kœchlin.

BIBLIOGRAPHIE

Strange. — Fenollosa. — Bing. — Hayashi. — R. Kœchlin.

PRIX ATTEINTS DANS LES VENTES

En 1920 :

Un jongleur émerveille deux courtisanes par ses tours d'adresse (Nagayé).   250 fr.

Une petite Kamuro agrippe par son vêtement un jeune élégant qui passait indifférent (*scène tirée d'un roman*). 310 fr.

Jeunes femmes, en robe d'apparat, se rendant à la promenade (Nagayé).   190 fr.

D'une fenêtre, deux courtisanes s'entretiennent avec un jeune homme (Nagayé).   200 fr.

Couple lisant une lettre (Nagayé).   165 fr.

Jeune femme assise dans un chariot. Elle regarde son amoureux abrité sous un parasol (Chuban).   105 fr.

Gheisa et son jeune serviteur cheminant le long d'une rivière.   75 fr.

Couple devant une terrasse, au clair de lune (Chuban). 420 fr.

Une geisha et son serviteur sortent d'une barque amarrée au bord de la Sumida (Chuban).   550 fr.

Couple au bord d'un étang. La jeune fille pêche (Chuban).   850 fr.

Deux jeunes femmes cueillent des fleurs au bord d'un étang. (Chuban).   620 fr.

Geisha dansant la danse du chapeau fleuri.   50 fr.

Combat de coqs auquel assistent cinq courtisanes.   50 fr.

Vol de grues près d'un pin (Nagayé).   380 fr.

Un couple de faisans perchés sur un pin couvert de neige (Nagayé).   630 fr.

Un chien noir, cravaté d'un ruban rose, regarde un plat de gâteaux posé à terre (Chuban).   310 fr.

En 1921 :

Un jeune homme chuchote à son amie de spécieuses paroles,
   qu'elle écoute, troublée (Nagayé).   310 fr.
Jeune femme sortant du bain, sa servante l'essuie
   (Nagayé).   340 fr.
Auprès du feu, deux courtisanes frileuses, dans leurs vê-
   tements d'intérieur (Nagayé)   115 fr.
Amoureux en promenade. Le jeune homme allume la pipette
   de son amie (Nagayé).   150 fr.
Par la fenêtre ouverte une jeune belle échange de tendres
   propos avec son amant. C'est un jour d'hiver, la neige
   couvre les toits (Nagayé).   26 fr.
Reizei, la suivante de Jorurihimé, guidant à travers le jar-
   din l'amoureux Yoshitsuné (Nagayé).   75 fr.
      Signée : Koriu.
Le départ d'un jeune guerrier ; son amie ne peut lui cacher sa
   peine (Nagayé).   75 fr.
La même estampe d'un coloris différent (Nagayé).   85 fr.
Portrait de la courtisane Chozan de la maison Chogiya
   (Nagayé).   85 fr.
Yuranosuké et la courtisane Okaru. Scène de l'espion du
   Chushingura (Nagayé).   100 fr.
      Signée : Koriu.
Une bijin s'est endormie auprès de sa table à écrire. Elle voit
   en rêve les trois présages de bonheur : le faucon, les auber-
   gines et le Fuji (Nagayé).   100 fr.
La courtisane Utahimé de la maison Matsubaya avec sa petite
   kamuro (Nagayé)   155 fr.
Saigho, le bonze poète, admirant le Fuji. Scène connue sous
   le nom de *Fuji mi Saigyo* (Nagayé).   50 fr.
Une courtisane aide sa kamuro à regarder le paysage à travers
   une lunette d'approche (Nagayé).   50 fr
Ebisu revenant de la pêche. Il porte un énorme *Taï*
   (Nagayé).   33 fr.
Juché sur l'épaule d'Hotei un jeune homme danse. Représentation du héros Yoshitsuné qui reçut du Tengu desdons
   l'égalant aux dieux (Nagayé)   33 fr.

Le haut de l'estampe contient un poème sur Kurama Yama qu'habitait le Tengu.

Guerrier terrassant un tigre. Il tient dans sa main un talisman au nom d'Amatératsu. Sans doute une allusion à Kato Kiyomasa, général de Taïko, qui combattit les tigres en Corée (Nagayé)   33 fr.

Tigre sur un rocher, parmi des bambous (Nagayé).   100 fr.

Signée : Koriu.

Tirage en noir. Faucon sur un cerisier en fleurs (Nagayé).   32 fr.

La courtisane Yubaé, de la maison Ogiya, accompagnée de ses suivantes et de ses deux kamuro (Oban).   65 fr.

De la série *Hinagata Wakana no Natsumoyo*, modes pour jeunes femmes.

La courtisane Suminoto de la maison Okanaya se faisant coiffer (Oban).   110 fr.

Même série que ci-dessus.

La courtisane Uménoka de la Tamaya qu'accompagnent ses deux kamuro (Oban).   55 fr.

Même série que ci-dessus.

La courtisane Nahakoshi de la maison Ogiya se promenant avec sa shinzo. Ses deux kamuro les suivent en chuchotant (Oban).   90 fr.

Même série que ci-dessus.

Signée Buko Yagenbori (adresse de l'artiste) Koriusaï.

Jeune femme se promenant au bord de la Sumida accompagnée d'un petit serviteur (Chuban).   450 fr.

De la série *Imayo Fuẓoku Rokkasen,* six poètes à la dernière mode. C'est ici la planche d'Ono no Komachi.

Jeunes filles cueillant, à l'automne, des branches de momiji (Chuban).   55 fr.

Même série que ci-dessus. Illustration d'un poème de Buniya no Yasuhidé.

Deux amoureux sur une terrasse au bord de l'eau (Chuban).   55 fr.

Même série que ci-dessus. Illustration d'un poème de Narihira. Signée : Koriu.

Jeune fille parlant à un poète qui écrit, assis dans une véranda. Allusion à la poétesse Ono no Komachi, à Sékidéra (Chuban). 120 fr.

De la série *Furyu Nana Komachi*, les sept Komachi.

Deux geisha devant une terrasse, d'où l'on voit tomber la pluie. L'une joue du shamisen, l'autre attise la flamme d'un brasero (Chuban). 220 fr.

De la série *Fusoku Hakkei*, huit scènes de la vie populaire. Le titre particulier de l'estampe est *Gibu no Yau*, geisha contemplant la pluie nocturne.

Signée : Koriu.

Devant un grand baquet rempli d'eau, deux jeunes femmes achèvent leur toilette ; l'une assise taille ses ongles, l'autre debout tord un linge mouillé (Chuban). 400 fr.

Au haut de l'estampe, un poème célébrant la douceur du bain en été.

Jeune femme à qui sa servante passe le long manteau de cérémonie (Chuban). 155 fr.

De la série *Furyu Konin Ryaku Shiki*, la cérémonie du mariage. Le titre particulier de l'estampe est *Ironaoshi*, changement de vêtement. Signée : Koriu.

Assises à terre, deux jeunes femmes taillent des vêtements (Chuban). 75 fr.

De la série *Jochu Tédogu Hakkei*, huit occupations féminines. Le titre particulier de l'estampe est *Takénaga no Kiban*, le retour des barques à Takénaga. Il y a là un jeu de mot, Takénaga n'étant pas le nom d'une plage, mais celui du vêtement que confectionnent les deux travailleuses.

Non signée, cachet Hayashi.

De la fenêtre d'une chaya deux jeunes femmes regardent la foule dans la rue des théâtres. Il pleut, on ne voit des passants que leurs vastes ombrelles rouges (Chuban). 75 fr.

De la série *Furyu Koto Meisho*, huit aspects élégants de Yédo. Le titre de cette planche est *Sakaïcho Kaomisé no Yau*, la pluie nocturne dans le quartier des théâtres, un soir de première. Signée : Koriu.

Du haut d'une terrasse un jeune homme s'apprête à tirer de

l'arc. Deux jeunes femmes sont attentives au coup (Chuban). 150 fr.

De la série *Furyu Yatsushi Rokugé*, les six arts élégants ; c'est ici la planche *Sha*, tir.

Enfants figurant un cortège de daïmio (Chuban). 150 fr.

De la série *Osana Asobi Mitaté Rokugé*, jeux d'enfants comparés aux six arts. C'est ici la planche *Ré*, rites.

Bambins tirant à l'arc (Chuban). 80 fr.

Même série que ci-dessus. Planche *Sha*, tir.

Garçonnet monté sur un cheval de carton (Chuban). 80 fr.

Même série que ci-dessus. Planche *Gyo*, équitation.

Trois courtisanes se reposant dans une chaya. Épreuve d'essai avec un seul coup de bois dans les fonds et un coup de bois de gaufrage (Chuban). 55 fr.

De la série *Furyu Junisetsu*, les douze mois. Un cartouche contient un poème comparant les vêtements blancs des belles à la neige fraîchement tombée. Évidemment une planche d'hiver.

Garçonnet jouant du tsuzumi (Chuban). 40 fr.

Appartient à une série de musiciens de Nô.

Garçonnet tapant sur un tambour (*Taïko*) (Chuban). 40 fr.

Même série que ci-dessus.

Geisha cheminant sur la rive de la Sumida accompagnée d'un petit serviteur. Le vent agite les branches d'un saule et soulève les jupes de la jeune femme (Koban). 30 fr.

Illustration d'un poème de Buniya no Yasuhidé sur le vent d'automne.

Signée : Koriu, cachet Wakaï.

Jeune fille dansant la danse Horaku (Koban). 30 fr.

Le haut de l'estampe donne le texte de la chanson dont s'accompagnait cette danse.

La courtisane Ninomachi de la maison Nakaomiya (Koban). 62 fr.

D'une série de portraits de courtisanes

Fillette dansant la danse Sambaso pour célébrer la nouvelle année (Koban). 62 fr.

Non signée.

Jeunes femmes se rendant à la promenade (Koban rogné). 65 fr.

De la série *Furyu Ukiyo Hakkei*, huit aspects de la vie mondaine. Le titre particulier de l'estampe est *Asakusa no Sëiran*, temps calme à Asakusa.

Sur la table à écrire une jeune femme est accoudée, son visage caché dans ses bras. Tout près d'elle un jeune homme crée l'alibi de broyer de l'encre à une de ses mains. On ne voit pas l'autre. A travers un trou des shoji, un jaloux regarde la scène (Chuban yokoyé).   185 fr.

Barque de plaisance sur la Sumida (Chuban yokoyé).   65 fr.

Non signée. Éditeur Yeijudo.

Deux taureaux au pied d'un arbre fleuri. Épreuve rare, où les noirs seuls jouent à peine rehaussés, d'une planche qu'on trouve généralement très polychromée (Chuban).   200 fr.

De la série *Furyu Junishi*, les douze signes du zodiaque. C'est le signe *Ushi*, taureau.

Signée : Koriu.

Faucon sur un perchoir, aux armoiries d'un daïmio (Chuban).   110 fr.

Vol de grues au bord d'un ruisseau (Chuban).   30 fr.

Signée : Koriu.

Troupe de chevaux sous un cerisier en fleurs (Hosoyé, béniyé).   55 fr.

Non signée. Éditeur Yamako.

Trois oies sauvages au bord d'une rivière (Koban).   30 fr.

Non signée.

SIGNATURE DE L'ARTISTE

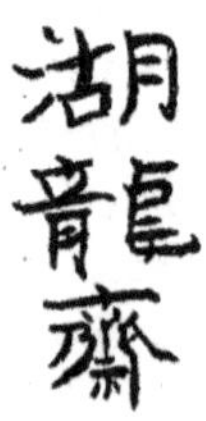

KORIN

Korin était très célèbre au XVIIᵉ siècle comme peintre laqueur, où il excellait. Ses dessins, de même que ceux d'Itsucho, n'étaient pas destinés à être gravés. Ils ne furent reproduits, à part quelques-uns, que longtemps après sa mort. On les retrouve généralement à l'état d'esquisse, avec quelques larges touches de lavis.

Il vécut de 1660 à 1716.

Anderson reproduit de lui, dans son ouvrage *Japanese Wood Engraving,* une illustration en blanc et noir, représentant une branche d'arbre sur laquelle sont posés des oiseaux, sur un fond de clair de lune.

Plusieurs dessins pour étoffes de robes furent exécutés d'après ses œuvres.

Il se spécialisa dans les animaux, les plantes et la caricature.

BIBLIOGRAPHIE

Burty. — Anderson.

SIGNATURE DE L'ARTISTE

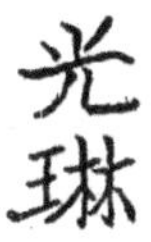

KUNIMASA (Torii)

On a très peu de renseignements sur la vie et
l'œuvre de cet artiste, qui vécut de 1772 à 1810. Il
fut le contemporain de Kiyonaga et peut-être même
son fils (Hayashi).

Il fit quelques scènes d'acteurs et en illustra des
séries avec Toyokuni.

BIBLIOGRAPHIE

Hayashi. — Bing. — Fenollosa.

PRIX ATTEINTS DANS LES VENTES

En 1920 :

Acteur au kimono décoré de papillons.   100 fr.

SIGNATURE DE L'ARTISTE

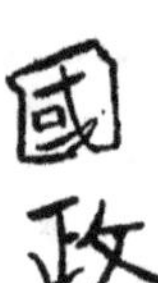

KUNISADA (Utagawa)

Kunisada vécut de 1786 à 1865. Il fut l'un des plus grands artistes du XIXe siècle et l'un de ceux qui contribuèrent, par leur talent, à retarder la décadence de l'art japonais. Il fut l'élève de Toyokuni, dont il prit le nom vers 1840 ; il signait alors Toyokuni II. Son style est large et rappelle celui de son maître. Son dessin est correct, mais son coloris un peu vif. Il se spécialisa au début dans les scènes d'acteurs, qui firent sa réputation, et, plus tard, dans le paysage animé, qu'il traita avec une grande perfection, notamment lorsqu'il eut à traduire des effets de neige, de pluie ou de brouillard.

Avec Hiroshige il fit une série du Tokaido, dont il dessina les figures.

Il y eut de lui plusieurs livres illustrés, ainsi que des séries d'estampes, parmi lesquelles il faut signaler celles qui illustrèrent le roman *Gengi Monogatari*. Il fit aussi quelques surimonos.

BIBLIOGRAPHIE

Anderson. — Strange. — Fenollosa. — Burty. — Gonse.

PRIX ATTEINTS DANS LES VENTES

En 1920 :

L'acteur Nakamura dans le rôle de Shoki (Oban). 30 fr.
Jeune femme montée sur un buffle à l'entrée d'un village couvert de neige (Chuban) (*de la série du Tokaido*). 130 fr.

Femme assise dans une barque, un tambourin sur ses genoux
  (Oban yokoyé).   75 fr.
Paysage dans le brouillard.   300 fr.
Les cerisiers du Yoshiwara, un soir de clair de lune.   35 fr.
Voyageurs arrêtés sur la plage de Fatamiga, admirant le
  soleil levant.   420 fr.

SIGNATURE DE L'ARTISTE

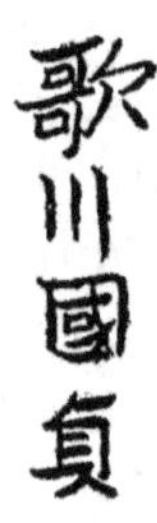

KUNIYOSHI (Utagawa)

Kuniyoshi passe pour être l'un des meilleurs paysagistes du XIXe siècle.

Il naquit en 1798 et mourut en 1861.

Il se distingue par le fini de son dessin et un coloris des plus harmonieux.

En dehors de ses paysages remarquablement traités et parmi lesquels il faut signaler : « L'arc-enciel », « Vue du lac Biwa », « Vue de la cascade de Benten », il fit des suites de pièces à personnages, notamment sur l'histoire sacrée des ancêtres *(Koso Goichidai Riakusu)*.

Il illustra également quelques livres.

BIBLIOGRAPHIE

Anderson. — Strange. — Fenollosa.

PRIX ATTEINTS DANS LES VENTES

En 1920 :

Digue sur la Sumida au soleil couchant. Dans la brume on aperçoit le Fuji (Oban). 130 fr.
De la série des 36 vues de la Sumida.

Pêche aux anguilles dans la rivière Miyato (Oban). 420 fr.

Pêcheurs sous l'averse (Oban). 720 fr.

Promeneurs sur la route d'Ashiba (Oban). 220 fr.

Croisement de trois rivières. Des pêcheurs ont allumé du feu sur la berge. 300 fr.

Sapins célèbres au bord de la Sumida. 75 fr.

Samuraï se préparant au combat (éventail). 30 fr.

Pompiers faisant des exercices. 35 fr.

Deux oiseaux sur une branche. 55 fr.

Le bonze Nichiren en méditation au bord d'une rivière. 25 fr.

Le bonze Nichiren rendant la justice. 20 fr.

Un moine et le bonze Nichiren en prières. 45 fr.

Omi no Kuni no Yufu Okané. Okané, la femme forte arrêtant
un cheval emporté en posant le pied sur sa longe. La scène
se passe dans la province d'Omi (Oban).   220 fr.

Tateyé. Iyo no Kamo. La chasse aux canards sauvages dans
la province d'Iyo (Oban).   45 fr.

De la série *Sankaï Meisen Sukushi,* recueil des produits
fameux de la mer et de la montagne.

Tirage en bleu. Truites au milieu des vagues. Le haut de
l'estampe s'orne d'une grappe fleurie de sainfoin rose
(Chutanzaku).   320 fr.

Signée : Ichiyusai Kuniysshi. Cachet Ichiyusai. Editeur
Yamabun.

Physalis animés s'épouvantant d'un épi de maïs qui simule
une apparition (Chuban).   15 fr.

De la série *Hozoku Tsukushi,* recueil de physalis. Le
titre particulier de l'estampe est *Yuré,* fantôme.

Physalis animés figurant une scène de lutte (Chuban).   15 fr.

Même série que ci-dessus.

Les Ronin devant le pont de Ryogoku au soleil levant (Triptyque Oban).   80 fr.

Onzième acte d'une série de Chushingura.

Ryogoku O Hanabi. Barques sous le pont de Ryogoku. Les
passagers admirent le feu d'artifice (Triptyque).   60 fr.

Signée : Ichiyésai Yoshitsuya. Editeur Igetato (peut-être
Inouyé).

Assemblée des Rokkasen. Chacun fut dessiné par un maître
différent (éventail).   20 fr.

SIGNATURE DE L'ARTISTE

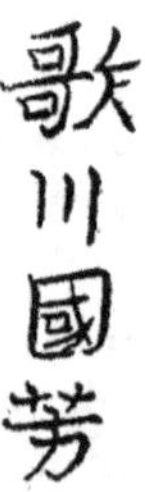

KWAIGETSUDO

Il vécut entre la fin du XVIIe siècle et le commencement du XVIIIe siècle.

Il produisit surtout de grandes planches, représentant des femmes aux figures très allongées, aux robes trop larges, mais d'un ornement très riche. On l'apprécie surtout par ses effets décoratifs et son dessin puissant. Il ne fit que des estampes en blanc et noir.

BIBLIOGRAPHIE

Fenollosa. — Hayashi.

SIGNATURE DE L'ARTISTE

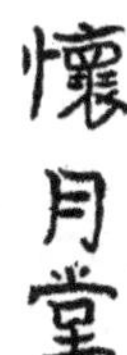

MASANOBU (Okumura)

Masanobu vécut de 1685 à 1765. Son grand talent le place parmi les meilleurs artistes. Son genre et son style influencèrent plusieurs élèves, dont le plus connu fut Okamura Toshinobu.

Son dessin, imprégné de charme, est délicat et d'un grand fini, et sa composition révèle un style élevé.

Au début, ses estampes étaient en blanc et noir, dont plusieurs coloriées à la main. Puis, lorsque parut l'impression en deux tons il s'y adonna en la développant dans une large mesure.

Il fit quelques scènes d'acteurs, mais surtout des portraits de femmes et des scènes familiales ou élégantes très appréciées. Il illustra un certain nombre de livres ayant trait à la femme, et fit quelques beaux kakemonos.

Il y eut un autre Masanobu (Kitao), avec lequel il ne faut pas le confondre, lequel vécut de 1761 à 1816, et qui produisit peu.

Les œuvres de Masanobu sont assez rares et quelques-unes ont atteint, dans les ventes, des prix élevés.

BIBLIOGRAPHIE

Anderson. — Hayashi. — Fenollosa.

PRIX ATTEINTS DANS LES VENTES

En 1920 :

Bijin au kimono décoré d'arbres.   3.500 fr.

Jeune homme au manteau rayé et à la robe ornée d'oiseaux.
C'est un wakashu (celui qui vit des largesses d'une courti-
sane).   13.500 fr.
Jeune Komuso (Bauni).   8.200 fr.
Jeune femme dissimulant une lettre.   15.000 fr.
Portrait de Kichiso.   3.100 fr.
Oïran lisant une lettre d'amour.   1.000 fr.
Jeune homme en kimono, jouant de la flûte (tirage en
noir).   8.750 fr.
La poétesse Sotorihimé (fragment).   180 fr.
L'acteur Sanogawa jouant de la flûte.   250 fr.
Jeune femme dans un jardin.   1.400 fr.

SIGNATURE DE L'ARTISTE

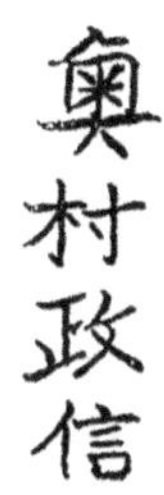

MASAYOSHI (Kitao)

Né en 1761, mort en 1824, Masayoshi fut élève de Shigemasa.

Il est à citer en tant qu'artiste d'un réel talent, quoiqu'il ne fût pas précisément un producteur d'estampes, mais plutôt un peintre et un dessinateur dont les croquis furent reproduits par la gravure, pour servir à l'illustration de livres. Il n'existe pas de lui de planches séparées. Il fit surtout des paysages et des animaux.

BIBLIOGRAPHIE

Fenollosa. — Anderson. — Burty. — Bing.

PRIX ATTEINTS DANS LES VENTES

Aucune base.

SIGNATURE DE L'ARTISTE

北尾政美

MORIKUNI (Tachibana)

Il vécut entre la fin du XVIIe et la moitié du XVIIIe siècle et fut surtout un illustrateur de livres. Ses dessins, ou plutôt ses croquis, principalement d'animaux, sont pleins de vie et d'expression.

BIBLIOGRAPHIE

Bing. — Anderson. — Hayashi. — Duret. — Von Seidlitz.

SIGNATURE DE L'ARTISTE

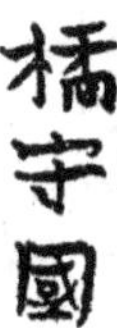

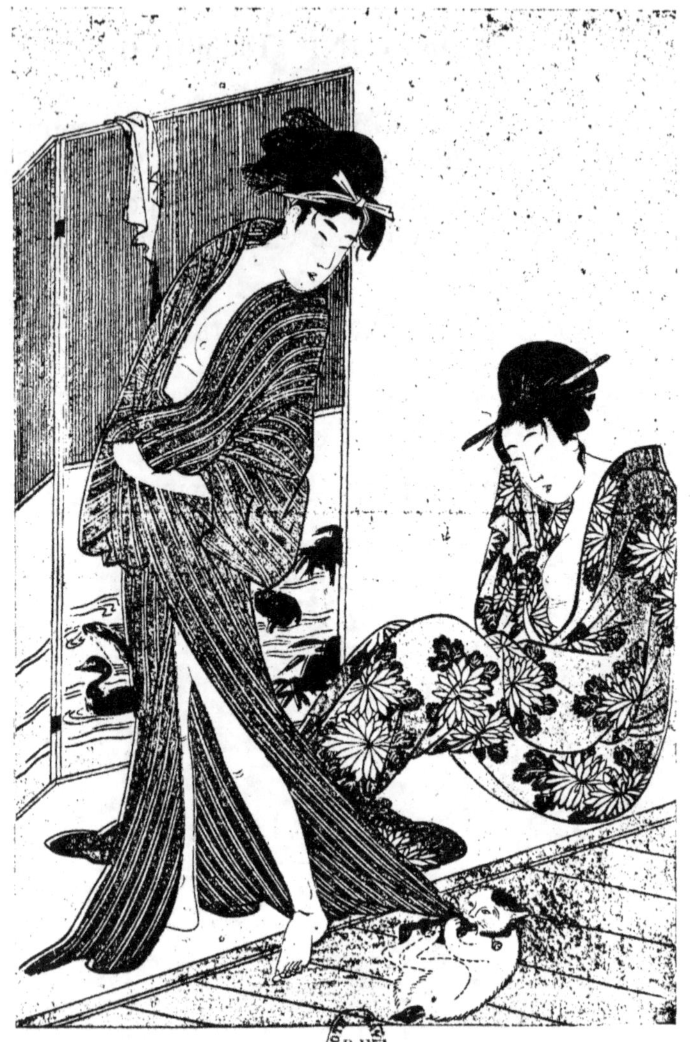

OUTAMARO. — La femme au chat.

Pl. VII.

MORONOBU (Hishigawa)

Cet artiste exécuta ses principales œuvres, destinées à des illustrations de livres, à la fin du XVIIᵉ siècle. Ses estampes séparées sont rarissimes.

Son art, très élevé, eut une grande influence sur la gravure sur bois au Japon. De nombreux élèves continuèrent son œuvre, son genre et sa manière. Il fut un véritable chef d'école.

Plusieurs de ses gravures sont coloriées à la main. Il produisit principalement des portraits de femmes et des scènes familiales.

BIBLIOGRAPHIE

Anderson. — Fenollosa. — Strange. — Hayashi.

SIGNATURE DE L'ARTISTE

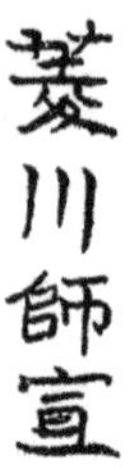

NAGAYOSHI (Choki)

Petit maître de l'école d'Outamaro, Choki Nagayoshi l'imita parfaitement, tout en gardant une
note personnelle.

Ses meilleures productions sont de la fin du
XVIIIᵉ siècle et se distinguent par la finesse du dessin
et l'harmonie des couleurs.

Il fit surtout des portraits de femmes remarquablement traités, dont plusieurs sur un fond nacré.

Son vrai nom était Nagayoshi, mais il était plus
connu sous le nom de Choki.

BIBLIOGRAPHIE

Fenollosa. — Kurth.

PRIX ATTEINTS DANS LES VENTES

Ses œuvres varient entre 50 et 200 fr.

SIGNATURE DE L'ARTISTE

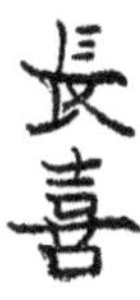

OUTAMARO (Kitagawa)

Ce fut l'un des plus grands maîtres de la gravure japonaise, et l'un des plus connus en Europe, où son succès égale ou dépasse celui qu'il obtient dans son pays. Avec Kiyonaga et Hokusaï, il éleva son art à l'apogée. Il se distingua par un style raffiné. Il fut le poète de la femme, qu'il représente dans toute son élégance, quoique avec une exagération à allonger la tête et le corps, mais sans toutefois priver ce dernier de souplesse.

Il naquit en 1753, à Kawagoyé, et mourut en 1806, à Yedo, où il était venu s'installer dans sa jeunesse.

Il eut pour maître Toriyama Sekiyen, qui n'eut du reste aucune influence sur lui, Outamaro ayant créé un genre tout à fait personnel et original où domine surtout le sujet gracieux.

Ses premiers travaux en blanc et noir étaient destinés à des illustrations d'ouvrages, notamment à des *Kibiyoshi* (1).

Il publia, soit en collaboration, soit seul, plusieurs livres érotiques, dont le plus renommé fut le *Poème de l'Oreiller,* paru en 1788, avec de très belles illustrations en couleurs.

Il se distingua particulièrement dans des œuvres concernant les plantes, les fleurs, les insectes et divers animaux.

Son œuvre fut considérable. De Goncourt et Kurth nous en ont laissé un catalogue presque complet.

(1) Voir ce mot à la nomenclature des termes japonais.

Il produisit avec art et maîtrise des estampes représentant des lutteurs, acteurs, courtisanes, scènes intimes, scènes populaires, fêtes de nuit, etc.

Parmi les livres qu'il publia, il faut noter un de ses meilleurs : *La Nature argentée,* paru vers 1790 et contenant de fort belles illustrations. Il en fit paraître quelques-uns en collaboration, notamment un ouvrage sur les danses, avec Taïto, et un autre sur les lutteurs, avec Shunyei.

Il toucha même à la caricature politique, ce qui lui valut d'être emprisonné vers la fin de sa carrière.

Il fut un rival de Kiyonaga et eut une influence énorme sur les artistes de son temps et sur ceux qui vinrent après lui. Outamaro releva ainsi l'art japonais au moment où il allait tomber dans la décadence.

Après sa mort, sa veuve épousa son élève : Koikawa Shuntcho, qui continua son œuvre sous le nom d'Outamara, puis, vers 1820, sous celui de Kitawa Tetsugoro.

BIBLIOGRAPHIE

Goncourt : *Outamaro,* 1891. — Bing : *Studio,* 1895. — Anderson : catalogue. — Kurth : catalogue. — Fenollosa : catalogue. — Von Seidlitz : *Les Estampes japonaises* (Hachette, 1911).

PRIX ATTEINTS DANS LES VENTES

En 1920 :

La courtisane Shizuka. Elle tient un pinceau et un rouleau de papier (Oban).   680 fr.
La courtisane Komurasaki fumant sa pipette.   520 fr.

Jeune fille assise devant une coupe à saké.   105 fr.
    Série des jeunes filles à la mode.

Jeune fille déballant des cadeaux de mariage.   260 fr.

Jeune femme se regardant dans un miroir que lui présente sa
    servante.   300 fr.

Courtisane regardant un makemono représentant un vol
    d'oiseaux.   750 fr.

Geisha et musiciennes jouant une pièce.   420 fr.

Scène sur une terrasse, représentant des tisseuses entourées
    de bambins (Triptyque).   420 fr.

Servante de Chaya portant un bol (maison de thé au bord de
    la mer).   2.100 fr.

Des jeunes femmes et des enfants vont pique-niquer au temps
    des cerisiers en fleurs. Un domestique, portant les provi-
    sions et le baril de saké, les accompagne (Pentaptyque
    Oban).   1.500 fr.

Deux geishas soutenant un jeune viveur étourdi par le
    saké.   350 fr.

Courtisane se regardant dans un miroir.   460 fr.

Courtisane nouant sa ceinture. Elle regarde avec tendresse
    son amant assis à ses pieds (Oban).   200 fr.

La princesse Otohimé accompagnant sur son shamisen la
    danse d'Urashima Taro (Oban).   80 fr.

    De la série *Tarozuki Mitsugumi Sakazuki;* c'est la
    légende du pêcheur Urashima Taro et de la princesse du
    palais des Dragons.

Planche centrale du célèbre triptyque : les pêcheuses d'awabi
    (Oban).   1.900 fr.

C'est, au pied du mont Fuji, une assemblée de jeunes femmes;
    trois d'entre elles portent des paniers remplis d'aubergines.
    Deux fauconniers les accompagnent (Oban).   780 fr.

    Illustration du proverbe japonais : *Ichi Fuji, Ni Taka,
    San Nasubi,* un Fuji, deux faucons, trois aubergines. Ce
    sont les symboles de bonheur.

Jeune femme s'essuyant le visage au sortir du bain
    (Oban).   480 fr.

La courtisane Hinazuru, de la maison Tsurushitaro. La légende dit : « Attitude dans le corridor. » C'est une scène du Yoshiwara (Oban).   170 fr.

La courtisane Takasodé, de la maison Tamaya, se regardant dans un miroir. C'est l'illustration d'une poésie qui allusionne à la vieillesse de Komachi : « La vie est courte, mais j'en voudrais jouir sans changer de vierge. » (Oban). 180 fr.

De la série *Yukun Nana Komachi,* sept beautés comparées à sept attitudes de Komachi.

Jeune femme jouant du shamisen (Oban).   220 fr.

De la série *Yedo no Hana Musumé Joruri,* musiciennes comparées aux fleurs de Yédo. Dans cette estampe, le cartouche s'orne de fleurs de pêcher.

Musicienne. Elle tient d'une main son shamisen et de l'autre arrange une épingle de sa coiffure (Oban).   240 fr.

Jeune fille tenant un éventail. Elle est assise, son shamisen à ses pieds ; à côté d'elle un pupitre supporte le texte à chanter (Oban).   220 fr.

Jeune fille chantant en s'accompagnant sur son shamisen (Oban).   350 fr.

Jeune fille se penchant sur son pupitre pour déchiffrer une chanson (Oban).   60 fr.

Même série que ci-dessus. Dans cette estampe, le cartouche s'orne d'une lanterne. C'est sans doute une édition postérieure.

Dame accompagnée de ses suivantes. L'une porte un coffret, l'autre un parasol (Oban).   60 fr.

Estampe de gauche du triptyque : *Taïko Gosaï Rakuto Yukwan no Zu,* Taïko et ses cinq épouses festoyant à Rakuto.

Jeune paysanne assise qui bat le briquet pour allumer sa pipe. C'est une *Saotomé,* planteuse de riz. En haut de l'estampe, ce poème : « Parce que la déesse Amateratsu avait planté le riz, ce fut toujours un métier de femmes. » (Koban). 90 fr.

De la série *Onna Fuzoku Shina Sadamé,* critique des coutumes féminines.

Couple conduisant un cheval chargé de *tsuzura* (paniers) (Hosoyé).   170 fr.

De la série *Seiro Niwaka,* mascarades.

Les deux amants Owumé et Komenosuké (Hosoyé).   280 fr.
« Yamashita no Ryoriya », maison de thé au pied de la col-
    line. Une jeune femme vient de prendre un bain et, les che-
    veux dénoués, elle parle à une servante qui essuie une
    coupe (Nagayé).   180 fr.
    De la série *Yédo Meisho Asobi,* jeux et coutumes des
endroits célèbres de Yédo.
La courtisane Onoé et son amant Hitachi (Kakemonoyé). 80 fr.
La courtisane Ohi, de la maison Ebiya ; elle regarde des
    branches d'aster disposées dans un vase cylindrique (Kake-
    monoyé).   80 fr.
La courtisane Takigawa de l'Ogiya. Elle est à genoux devant
    un vase à fleurs et sa kamuro lui présente, pour le garnir,
    une brassée de chrysanthèmes (Kakemono).   80 fr.
Fond gris. Portrait de jeunes femmes. L'une d'elles fume ;
    l'autre, minaudière, se cache le visage de la manche de
    son kimono (Kakemono).   350 fr.
Sur la poitrine de son amant, le voiturier Mohei, la coiffeuse
    Osan vient d'écrire : « La vie d'Osan ». Et, mains jointes,
    elle admire son œuvre (Kakemono).   80 fr.
    De la série *Jitsu Kurabé Iro no Minakami,* joie
mutuelle, source d'amour.
La courtisane Shosho et son amant Goro Tokimuné, un des
    deux frères Soga (Kakemono).   35 fr.
    Même série que ci-dessus.
La courtisane Yujiri, de la maison Tamaya, écoutant Isaïmon
    qui joue du shamisen (Kakemono).   35 fr.
    Même série que ci-dessus.
La jeune Okoma et son amant Saïzaburo (Kakemono).   100 fr.
    Même série que ci-dessus.
Jeunes femmes faisant la cueillette des kakis dans le jardin
    d'un daïmio (Kakemono).   55 fr.
    Planche de gauche d'un triptyque.
Jeune femme en kimono mauve quadrillé (Kakemono). 60 fr.
    De la série *Bijin Gomenso,* cinq physionomies de jolies
femmes. De celle-ci la légende dit : « Elle paraît légère,
mais son cœur est sensible. »

Jeune femme fumant. Elle a, dit la légende, une physionomie indifférente, cependant elle est tendre et fidèle (Kakemono). 140 fr.

Même série que ci-dessus.

Jeune femme allaitant son bébé. 140 fr.

De la série *Meisho Fukkei Bijin Juniko*, douze physionomies de beautés célèbres. Signée : Utamaro.

Jeune femme piquant une épingle dans sa coiffure. 30 fr.

Même série que ci-dessus.

Les courtisanes Yoyojiku et Yoyozuru, de la maison Matsubaya, portant une poupée représentant Sukéroku (Kakemonoyé). 30 fr.

De la série *Seiro Kabuki Matsushiei*, marionnettes présentées par des courtisanes. Suite de dix estampes.

Les geishas Isonarématsu et Matsukazé travesties en shiwokumi (porteuses de sel) (Kakemonoyé). 100 fr.

De la série *Moyo-Daké no Isetsu*, décors de pièces de théâtre.

Deux jeunes femmes ont habillé un bébé d'une longue robe pour lui faire représenter Kosho Henjo, le bonze poète (Kakemonoyé). 90 fr.

De la série *Tosei Kodomo Rokkasen*, les six poètes comparés à des enfants. Signée : Utamaro. Editeur Isumiya Ichibei.

Fond gris. Jeune femme faisant admirer une vue d'optique à ses deux bambins. Au-dessus du jouet, une pancarte porte ces mots : *Okara Kuri*, artificiellement imite la nature (Kakemonoyé). 100 fr.

De la série *Furyu Kudakara Awasé*, recueil des enfants trésors.

Fond jaune. Jeune samuraï nouant sa ceinture ; une servante lui présente son sabre (Kakemonoyé). 25 fr.

Yama Uba, rieuse, regarde la danse de Kintoki qu'un singe rythme en jouant du tambour. Sur le manteau de Kintoki, on lit le premier caractère de son nom (Kin) et, sur son éventail, le mot longévité (Kakemonoyé). 25 fr.

Estampe aquarellée.

Sur un banc de chaya, une jeune femme tenant une coupe est

assise. Dans la pièce voisine, un personnage que l'on voit
en transparence passe dans l'entre-bâillement des shoji le
bec d'une bouilloire à saké pour en offrir en cachette à la
belle. Sur une lanterne, une inscription donne le nom de la
maison, Shiyotsuru (Kakemonoyé).   280 fr.

  Partie de triptyque.

Shiro Kiya Okama, fille d'un marchand d'étoffe et son amant
Saïzaburo peignant le jaloux Zohachi (Kakemonoyé). 55 fr.

  De la série *Chiwa Kagami Tsukino Murakumo,* miroir
des historiettes amoureuses et des déconvenues qu'on y
rencontre (littéralement : les nuages devant la lune).

La courtisane Onoé, de la maison Tsuruya, et son amant
Haraya Hitachi. La patronne de la chaya les observe (Kakemonoyé).   65 fr.

Deux jeunes femmes jouant avec un bébé.   1.000 fr.

L'ambassade coréenne (Heptaptyque).   4.100 fr.

Deux femmes et une fillette dans un champ.   2.550 fr.

Groupe de courtisanes.   1.100 fr.

Yama Uba fait faire pipi à Kintoki.   750 fr.

Yama Uba cajolant Kintoki.   1.500 fr.

Deux geishas se mirant.   2.250 fr.

Deux lavandières.   130 fr.

Maman guidant les premiers pas de son enfant.   55 fr.

Famille de grues.   210 fr.

Tigre et bambous.   230 fr.

Faucon sur un rocher.   80 fr.

Dragon dans un nuage.   35 fr.

Hibou sur une branche.   65 fr.

Poissons dans une corbeille.   60 fr.

En 1921 :

Promeneurs sur la côte de Shichirigahama, près de Kamakura (Triptyque oban).   360 fr.

Les courtisanes Yoyomachi et Yoyohama de la maison
Matsubaya se promenant sous les cerisiers (Oban). 400 fr.

  De la série *Seïro Kabuki Yatsushié Zukushi,* recueil
des coquetteries du seïro.

Une servante de la chaya Shiyozuru reçoit furtivement le
  saké que, de la pièce voisine, lui passe un habitué du lieu
  (Oban).   750 fr.
Jeunes femmes se rendant à la promenade (Kakémo-
  noyé).   1.000 fr.
    De la série *Tosei Bijin Sanyu*, trois amusements de
beautés célèbres.
Portraits de trois courtisanes de la maison Matsubaya. A
  droite Matsukazé joue de l'okawa, au centre Kiségawa
  frappe sur un taïko et à gauche Somenosuké fait résonner
  un kotsuzumi (Triptyque oban).   300 fr.
La belle Hoan et son amoureux Shoémon (Nagayé).   110 fr.
    De la série *Joruri Zukushi*, recueil de scènes de Joruri
(opéra).
Jeune fille marchant contre le vent (Nagayé).   100 fr.
Groupe de lavandières, au bord de la Tamagawa, un jour
  d'automne (Oban).   70 fr.
    De la série *Furyu Mutsu no Tamagawa*, six aspects de
la Tamagawa.
Yoritomo regardant danser Shizuka (Oban).   45 fr.
    Estampe de droite d'un triptyque.
Musiciennes accompagnant la danse de Shizuka au temple
  Surugaoka à Kamakura (Oban).   45 fr.
    Estampe de droite du triptyque précédent.
Les grues de Yoritomo. Partie de triptyque (Oban).   45 fr.
Jeunes femmes préparant des cadeaux de jour de l'an
  (Oban).   45 fr.
Jeune fille dévisageant effrontément une amie. Illustration du
  proverbe : *Nakuté nanakusé*, si parfait qu'on soit on n'a pas
  moins de sept défauts ; ici c'est la curiosité (Oban). 330 fr.
Les deux amoureux Ohatsu et Tokubei (Oban, fond
  gris).   230 fr.
    De la série *Ryuko Moyo Utamarogata*, décors à la
mode, choisis par Utamaro.
La courtisane Yugiri et son amant Izaémon. (Oban, fond
  gris).   160 fr.
    Même série que ci-dessus.

Les amoureux Sankatsu et Hanshichi (Oban, fond gris).   55 fr.
   Même série que ci-dessus.
Tandis qu'il se fait coiffer par son aimable geisha, le vieux
   paysan s'est endormi. En rêve il se voit jeune et galant
   samuraï (Oban).   55 fr.
   De la série *Miruga Tokuckwa no Isei*, les bons rêves.
Jeunes filles comparant leur adresse à la lutte (Oban).   220 fr.
   De la série *Fury Nana Komachi*, sept attitudes de
Komachi. C'est ici la planche Omu Komachi.
Scène de chaya. Un jeune viveur joue au *Kitsune Ken* (jeu
   de renard), cependant qu'une geisha chante en jouant du
   shamisen (Oban).   160 fr.
La courtisane Soménosuké de la maison Matsubaya et une de
   ses compagnes travestie en lavandière des Tamagawa
   (Oban, fond gris).   180 fr.
   De la série *Seiro Niwaka Bijin Awasé*, comparaison de
courtisanes jouant des scènes de niwaka.
Le rendez-vous. Jeune fille écoutant les galanteries d'un
   komuso. Une palissade les sépare (Oban).   180 fr.
Jeune fille écoutant les propos de son amoureux (Oban, fond
   gris).   325 fr.
   De la série *Tosei Sukimono Hakkei*, huit paysages
   comparés à huit prédilections. Le titre particulier de l'es-
   tampe est *Anashizuki*, le bavardage.
Jeune homme se curant les dents après un bon repas. Son
   amie le regarde (Oban).   120 fr.
   Même série que ci-dessus. Titre particulier *Chisozuki*, la
   gourmandise.
Jeunes filles admirant des chrysanthèmes (Oban, fond
   gris).   190 fr.
   De la série *Furyu Shiki no Asobi*, jeux des quatre saisons.
   C'est ici la planche d'automne.
Konami et son amoureux Oboshi Rikiya, le fils du chef des
   Ronin (Oban, fond gris).   190 fr.
   D'une série de *Chushingura*, 9ᵉ acte :
Jeune femme luttant avec son amoureux (Oban, fond gris). 110 fr.
   De la série *Tosei Koïka Hakkei*, huit chansons d'amour.

Couple d'amoureux regardant les canards mandarins évoluer sur l'étang de Shinobazu. Illustration d'un poème (Oban). 110 fr.

Jeune fille jouant à la balle (Oban).   600 fr.

De la série *Shunkio Mitaté Kitsuné Ken*, attitudes comparées au jeu du renard.

Jeune homme assis tenant un éventail (Oban).   600 fr.

Même série que ci-dessus.

Jeunes femmes habillant un bébé. Il vient d'avoir trois ans et on lui fait un chignon pour la première fois (Oban). 180 fr.

De la série *Shichigosan Kodakara Awasé*, trois fêtes pour les garçons.

Soirée estivale. Une foule joyeuse se divertit aux abords du pont de Riyogoku. Il est affiché à la terrasse d'une chaya qu'une troupe d'acrobates féminins vient d'arriver d'Osaka *(Osaka Kudari Onna Karuwasa)* (Triptyque oban). 210 fr.

La courtisane Harihara de la maison Tsuruya arrangeant des iris dans un vase. Un cartouche à gauche de l'estampe montre deux garçonnets joueurs (Oban).   100 fr.

De la série *Goseichi Hana Awasé*, les cinq festivals comparés à des fleurs. C'est ici la fête des garçons qui a lieu le 5 mai.

Deux jeunes femmes devant des shoji représentant le Fujiyama, (8e acte de Chushingura).   55 fr.

Chaque estampe de cette série est la parodie de la scène classique du drame qui est représentée dans un cartouche. Ici c'est le voyage de Konami.

Domestiques se battant à coups de balai, une servante tenant un flambeau éclaire la scène (Oban, fond gris).   55 fr.

Même série que ci-dessus, 11e acte. Allusion au meurtre de Ko no Moronao.

Une jeune femme assise devant une corbeille d'œufs prépare les gâteaux d'offrandes à la lune de septembre. A côté d'elle un garçonnet agite une branche de jonc. Ces joncs sont également un hommage à la lune. Au haut de l'estampe le signe *Aki* (septembre).   315 fr.

Non signée. Éditeur Ézakiya ; ce nom se lit aussi sur la pochette du bambin.

Courtisanes à bord d'un bateau dont la proue représente un dragon. C'est le *Seiro Shichifuku Bijin*, les sept dieux du bonheur figurés par des jolies femmes du seiro (Triptyque Oban). 400 fr.

SIGNATURE DE L'ARTISTE

北川歌麿

SEKIYEN (Toriyama)

Il vécut de 1712 à 1788 et fut un peintre de talent dont la place est justifiée ici. Il eut un grand mérite, celui d'avoir formé et dirigé un élève qui allait devenir célèbre et compter parmi les plus grands artistes du Japon. Nous voulons parler d'Outamaro.

On ne connaît de lui aucune planche séparée, mais il fut un illustrateur de livres, remarquable par le dessin et la composition.

Parmi ses œuvres, il convient de citer : *Hiakki yagio* (Les cent monstres de la nuit), en noir et en gris ; *Tortyama Sekiyen gwafu,* livre d'esquisses en plusieurs tons.

BIBLIOGRAPHIE

Anderson. — Fenollosa. — De Goncourt.

PRIX ATTEINTS DANS LES VENTES

Aucune base.

SIGNATURE DE L'ARTISTE

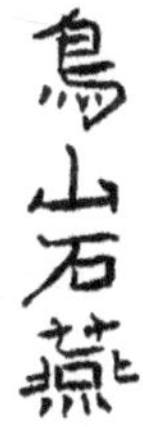

SHARAKU (Toshusai)

Cet artiste, quoique n'ayant travaillé que peu d'années, vers 1790, n'en produisit pas moins un très grand nombre de pièces, aujourd'hui fort recherchées et qui atteignent des prix élevés.

Il se spécialisa dans les portraits d'acteurs et se signale par un dessin correct, délicat, et une grande harmonie dans les tons.

BIBLIOGRAPHIE

Fenollosa. — Bing. — Anderson. — Von Seidlitz.

PRIX ATTEINTS DANS LES VENTES

En 1920 :

L'acteur Onoyé en Ronin.	6.000 fr.
L'acteur Otani Onoyé en Ronin.	2.620 fr.
L'acteur Kanya en Ronin.	5.500 fr.
L'acteur Tokuji tenant un sabre.	4.400 fr.
L'acteur Ryuzo.	4.100 fr.
L'acteur Komazo en Ronin.	5.000 fr.
L'acteur Hangora en Ronin.	3.100 fr.

SIGNATURE DE L'ARTISTE

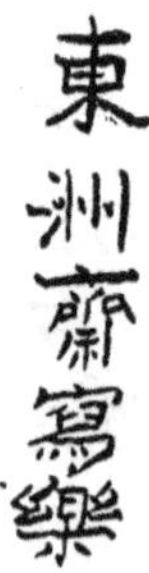

SHIGEMASA (Kitao)

Né en 1739, mort en 1820, Shigemasa fut un chef d'école et compte parmi les meilleurs artistes de l'école japonaise. Malheureusement il produisit peu et ses œuvres sont très rares. Son dessin, quoique un peu simple, est toutefois correct. Son coloris est peu vigoureux et rappelle celui de Shunsho.

Il fut l'élève du fameux Shigenaga, l'inventeur de l'impression en deux tons.

Il fit des acteurs, des geishas, des paysages et des dessins d'animaux très bien exécutés.

On connaît également de lui quelques Kakemonos et Surimonos.

Il illustra quelques livres, dont l'album de la sériciculture, en collaboration avec Shunsho.

Il eut des élèves illustres, parmi lesquels nous citerons Masanobu, Shunman, Masayoshi et Toyoharu.

BIBLIOGRAPHIE

Fenollosa. — Burty. — Anderson. — Strange.

PRIX ATTEINTS DANS LES VENTES

En 1920 :

Souris grignotant un épi de maïs (grand surimono en éventail. 150 fr.

SIGNATURE DE L'ARTISTE

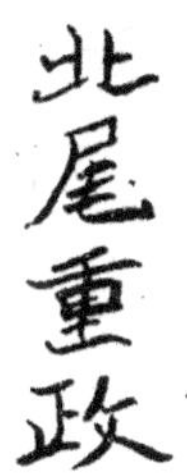

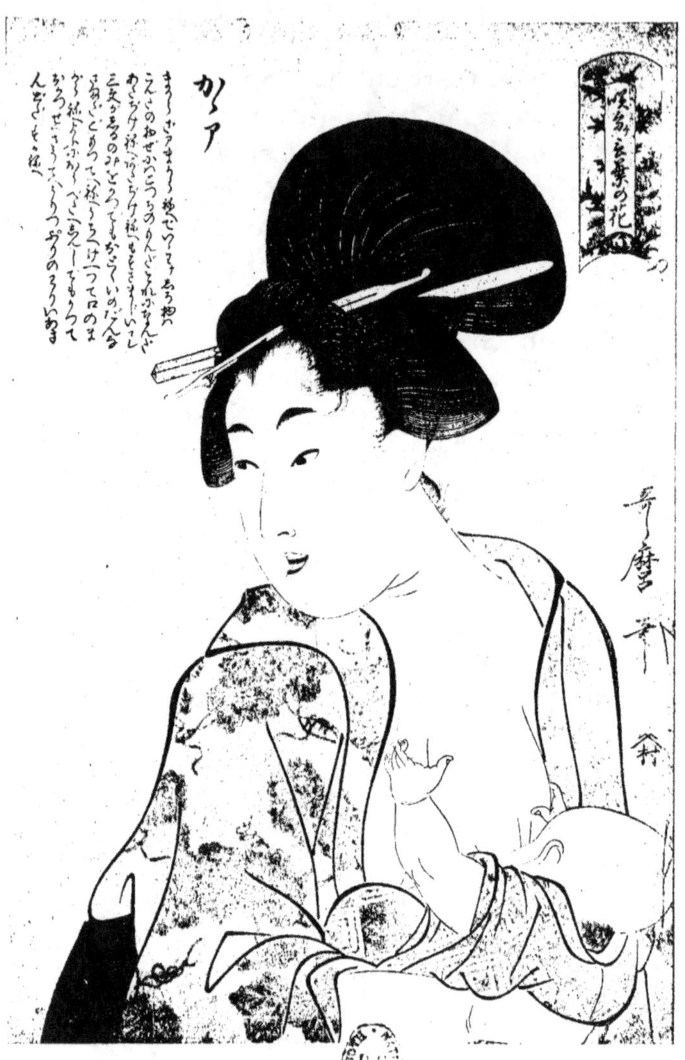

OUTAMARO. — Scène maternelle.

PL. VIII.

SHIGENAGA (Nishimura)

Shigenaga naquit en 1697 et mourut en 1756. Il est célèbre pour avoir inventé l'impression en deux tons (rose et vert), vers 1743, et celle en trois tons, vers 1760. Anderson prétend qu'il produisit également quelques épreuves en quatre tons.

Grâce à ces nouveaux procédés, la gravure japonaise allait changer d'aspect pour arriver à sa perfection, avec Haronobu, le continuateur de Shigenaga, qui inventa l'impression polychrome, quelques années plus tard (1765).

Shigenaga fut aussi l'un des premiers, sinon le premier, qui employa les gaufrages, pour augmenter l'effet des couleurs.

Son style se rapproche de celui de Masanobu, par ses compositions gracieuses et délicates, la finesse du dessin et l'harmonie des teintes. Il composa surtout des scènes féminines et d'intérieur, des portraits d'acteurs, des illustrations de livres, ainsi que quelques estampes d'animaux.

Hayashi, dans son catalogue, reproduit quelques-unes de ces œuvres.

Shigenaga eut de nombreux élèves, dont quelques-uns devinrent célèbres, tels que Harunobu, Toyonobu, Tayoharu, Shigenasa, etc.

BIBLIOGRAPHIE

Hayashi. — Anderson. — Fenollosa.

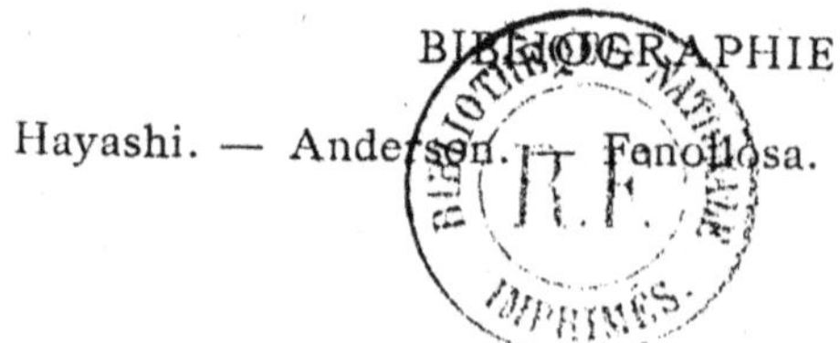

PRIX ATTEINTS DANS LES VENTES

En 1920 :

La terrasse d'un restaurant (par clair de lune).	310 fr.
Jeune daïmio et suivante.	550 fr.
Portrait de Gentoku.	180 fr.
L'acteur Segawa Kikunojo vêtu en femme.	401 fr.

SIGNATURE DE L'ARTISTE

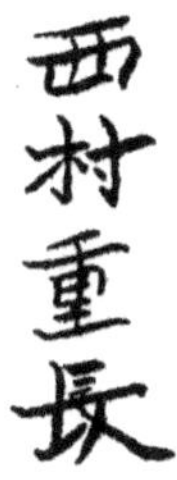

SHIGENOBU (Nishimura)

On a peu de renseignements sur cet artiste, qui était le père de Shigenaga. Il travailla vers le milieu du XVIIIe siècle et produisit principalement des scènes d'acteurs et des femmes dans leur vie d'intérieur. Ses estampes sont rares.

BIBLIOGRAPHIE

Fenollosa. — Hayashi.

PRIX ATTEINTS DANS LES VENTES

En 1920 :

Jeune fille se coiffant.	1.250 fr.
Feuille centrale d'un triptyque.	850 fr.

SIGNATURE DE L'ARTISTE

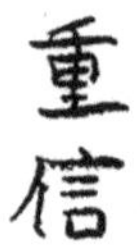

SHUNKO (Katsukava)

Shunko, élève de Shunsho, travailla vers la fin du XVIIIe siècle et au commencement du XIXe siècle. Il eut un succès, du reste mérité, avec ses scènes d'acteurs et de lutteurs, assez rares et assez recherchées. On a très peu de renseignements sur sa vie.

BIBLIOGRAPIIIE

Hayashi. — Strange. — Fenollosa.

PRIX ATTEINTS DANS LES VENTES

En 1920 :

L'acteur Ichikawa Danjuro devant une chaya au bord d'un étang fleuri d'iris. Il s'entretient avec deux jeunes femmes. C'est une des scènes de la vie privée de l'acteur et non un de ses rôles (Oban).   250 fr.

Les acteurs Ichikawa Monnosuké, Ichikawa Danjuro, Ségawa Kikunojo et Matsumoto Koshiro jouant une scène de la cérémonie du mariage (Oban).   210 fr.

Cette estampe est sans doute le centre d'un triptyque.

Portraits de trois lutteurs. A droite Yatsuga Miné, au centre Onogawa, à gauche Semiyama (Oban, fond bleu).   210 fr.

La même estampe, sur fond gris.   140 fr.

Portraits de trois lutteurs. A droite Hanado, au centre Edogasaki, à gauche Tanikazé.   130 fr.

L'acteur Ichikawa exécutant la danse Shakkio (Hosojé).   70 fr.

L'acteur Ségawa Kikunojo figurant une jeune femme. Elle attend, près d'un pont qu'ombrage un saule, un personnage dont le retard l'inquiète fort, car elle se tord les mains avec anxiété (Hosoyé).   75 fr.

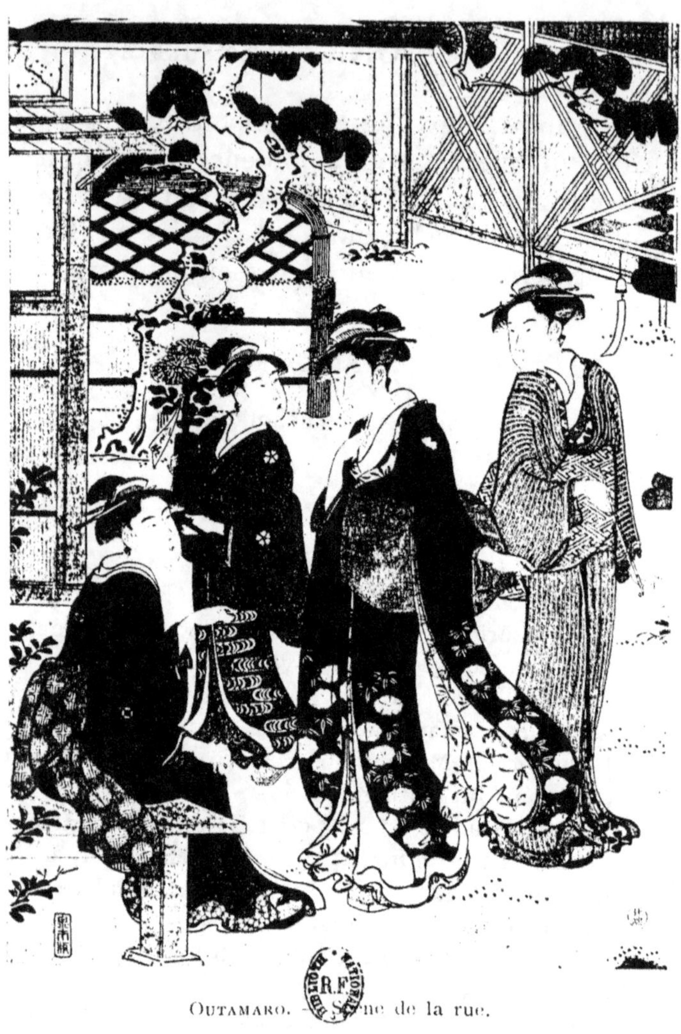

OUTAMARO. — Scène de la rue.

Pl. IX.

L'acteur Ichikawa Yaozo au bord d'un torrent. Il tient son
   sabre, prêt à dégainer (Hosoyé).   220 fr.
Trois jeunes femmes sur une terrasse.   2.500 fr.
Personnages au bord d'un étang (partie de triptyque). 420 fr.
Trois jeunes femmes.   160 fr.
Jeunes femmes cousant.   260 fr.
La belle est dans sa chambre, rêvant.   620 fr.
Deux jeunes filles se rendant à un temple.   500 fr.
Réunion de dames.   350 fr.
Trois dames longeant une balustrade.   1.400 fr.

SIGNATURE DE L'ARTISTE

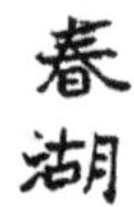

SHUNMAN

Cet artiste travailla vers 1790 et jusque vers 1820. Sans être un élève direct de Kiyonaga (son maître fut le grand Shunsho), il fut influencé par l'art élevé de ce dernier, qu'il imita dans sa manière simple, sa composition large et gracieuse et dans ses tons éteints.

Ses œuvres respirent cependant une note personnelle, nullement tributaire de celle des artistes qu'il étudia. Son dessin est délicat, ses figures expressives, ses coloris harmonieux. On pourrait peut-être lui reprocher d'avoir, dans ses fonds, abusé des tons gris-fer.

Ses livres illustrés eurent du succès, ainsi que ses planches séparées, qui sont rares. Gonse reproduit de lui une de ses meilleures pièces : *Visite du nouvel an dans la neige*, qui est très rare.

BIBLIOGRAPHIE

Fenollosa. — Strange. — Burty.

PRIX ATTEINTS DANS LES VENTES

En 1920 :

Deux geishas dansent sur la terrasse d'un chaya (Oban). 1.000 fr.
Jeunes femmes lavant du linge au bord d'une rivière (diptyque Oban). 4.500 fr.
Partie d'un sixte feuilles. 2.500 fr.
La visite aux cerisiers. 4.000 fr.

SIGNATURE DE L'ARTISTE

窪
俊
満

SHUNSEN (Katsukawa)

Il fut un des derniers membres de la famille des Katsukawa, dont il suivit la tradition. Il travailla au commencement du XIXe siècle et produisit des œuvres d'une note toute personnelle, ne ressemblant que de loin à celle de son maître Shunyei. Il fit surtout des paysages animés, bien traités et très plaisants, ainsi que quelques illustrations de livres.

BIBLIOGRAPHIE

Hayashi. — Anderson. — Strange.

PRIX ATTEINTS DANS LES VENTES

En 1920 :

Jeunes femmes cueillant des algues (Surimono). 55 fr.
L'acteur Ichikawa Monnosuké. 55 fr.

SIGNATURE DE L'ARTISTE

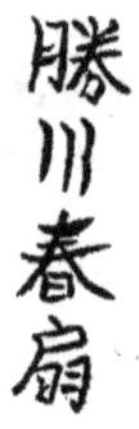

SHUNSHO (Katsukawa)

Le Grand Shunsho, comme l'appellent les japonais, est né en 1726, mort en 1792. Il est parmi les artistes peintres l'un de ceux qui jouissent de la plus grande renommée. Ses œuvres se caractérisent par des tons éteints très plaisants à l'œil, et les figures allongées des personnages. Il fit des acteurs et des scènes animées en plein air. Son format d'estampes favori était le hossoye.

Sa manière influença plusieurs artistes de son temps, ou venus après lui. Il fut le rival d'Outamaro, de Toyokuni et de Kiyonaga. Il fit quelques dessins pour les mois, en collaboration avec Utagawa Toyoharu. Ses élèves continuèrent sa tradition, notamment Shunko, Shunyei, Shunzan et Buncho.

Son élève le plus illustre et qui devait atteindre plus tard une si grande renommée, fut Hokusaï, dont le vrai nom était Shunro. Les estampes de Shunsho sont à noter pour leurs effets décoratifs, surtout quand elles représentent des acteurs dans des rôles de femmes.

Il illustra plusieurs ouvrages en impression polychrome, notamment l'album de la sériciculture en collaboration avec Shigemasa. Il fit également quelques portraits en bustes d'acteurs, sur des éventails.

BIBLIOGRAPHIE

Fenollosa. — Bing. — Anderson. — Burty. — Strange. — Hayashi. — Von Seidlitz.

PRIX ATTEINTS DANS LES VENTES

En 1920 :

Jeune couple se promenant à la campagne.   1.805 fr.
Trois jeunes femmes.   1.100 fr.
Portrait de Takashina Ohisa.   850 fr.
Promeneurs surpris par l'orage (une des plus belles pièces de
    cet artiste).   8.900 fr.
Promeneurs traversant le Tokiwabashi.   3.400 fr.
Pique-nique au printemps.   500 fr.

Dans une vente à New-York, en 1921, les œuvres de cet
artiste se sont vendues entre 200 et 800 dollars.

Sept courtisanes en robe de cérémonie. L'une est assise
    devant un koto ; une autre tient un éventail sur lequel elle
    a écrit un poème signé de son nom : Hanaogi. Une pan-
    carte que présente une troisième donne le titre de l'estampe,
    c'est : *Seïro Shichi Benjo,* sept femmes intelligentes du
    seïro (Oban).   350 fr.
Dans une loge on voit l'acteur Nakamura Nakazo, un de ses
    confrères et un coiffeur qui lustre une perruque. Au fond de la
    pièce, des coffres sur lesquels sont placés des kimonos, ainsi
    qu'un grand sabre dans une gaine de soie (Oban).   380 fr.
Les lutteurs Arakuma et Hamiwatari. Sur la jupe décorée de
    dragons que porte ce dernier, on lit son nom (Oban). 140 fr.
Portrait des lutteurs Washiga Hama et Kimenzan
    (Oban).   90 fr.
Le lutteur Tanikazé accompagné de son serviteur qui porte
    sur l'épaule un manteau noir (Oban).   210 fr.
L'acteur Ichikawa Monnosuké dans le rôle d'un fauconnier
    et l'acteur Iwaï Hanshiro figurant une marchande de fleurs
    qui porte sur ses épaules un fagot surmonté de branches de
    prunier fleuri (Oban).   510 fr.
Chuban. Courtisane lisant une lettre d'amour que lit égale-
    ment Jurojin accroupi derrière elle. Parodie de la scène de
    l'espion du Chushingura. Les shoji sont ornés du caractère
    longévité (Oban).   100 fr.

Le guerrier Assahina devant la porte close d'une résidence de
daïmio (Oban).   180 fr.

L'acteur Ichikawa Raïso dans le rôle du guerrier Murakami
Koshiro. Il tient l'étendard impérial qu'il vient d'arra-
cher aux ennemis. Théâtre Nakamuraza, 9ᵉ Meiwa (1772)
(Hosoyé).   90 fr.

L'acteur Nakamura Nakazo jouant le rôle d'Ikiu au théâtre
Nakamuraza, 8ᵉ Meiwa (1771) (Hosoyé).   60 fr.

Les acteurs Matsumoto Koshiao et Ichikawa Raïso en guerriers montant la garde sous les murs d'un château seigneu-
rial (partie de triptyque).   700 fr.

L'acteur Onoé Kikuguro jouant le rôle de Kudo Saémon dans
la pièce *Wada Sakamori Osamé Mitsu Gumi,* le grand
festin de Wada. Théâtre Ichimuraza, 8ᵉ Meiwa (1771)
(Hosoyé).   180 fr.

L'acteur Ichikawa Danjuro figurant un pèlerin qui porte son
shakujo (bourdon) (Hosoyé).   210 fr.

En 1921 :

Dans un ravin fleuri où un torrent coule en cascades, Kiku-
jido écrit un poème sur une feuille de chrysanthème (Nagayé).   55 fr.

    Estampe dans le style chinois.

Sous la surveillance de l'arbitre Shikimori, deux lutteurs
sont aux prises. Ce sont, à droite Kimenzan, à gauche
Edogasaki (Oban yokoyé).   150 fr.

Scène de lutte dirigée par l'arbitre Kimura Shonosuké. Les
lutteurs sont, à droite Onogawa Kisaburo, à gauche Tanikazé Kajinosuké (Oban yokoyé).   260 fr.

Les lutteurs Kajigahama et Sékinoto. L'arbitre est Kimura
(Oban yokoyé).   160 fr.

Les lutteurs Nishigodaké et Fudé no Umi (Oban tatéyé).
                                                         150 fr.

Présentation au public des lutteurs au début d'une séance
(Diptyque oban yokoyé).   110 fr.

Les acteurs Nakamura Sukégoro et Nakamura Nakazo dans
une scène de drame (Chuban).   250 fr.

Deux samuraï dans une chaya au bord de la mer. Ce sont les acteurs Arashi Sangoro et Onoé Matsusuké (Chuban). 120 fr.

L'acteur Ségawa Kikunojo figurant une courtisane. Elle écoute pensivement son amant, l'acteur Arashi Sangoro, qui joue du shamisen (Chuban). 350 fr.

Sato Tsuginobu, un officier de Yoshitsuné, brandissant sur la tête d'un adversaire terrassé un gobang (Chuban). 40 fr.

Sadakuro dépouillant de sa bourse Yoichibei. 5e acte du Chushingura (Chuban). 22 fr.

L'acteur Arashi Sangoro jouant le rôle de Takébé Genzo dans la pièce *Sugawara Denju Kagami*. Théâtre Ichimuraza. 9e Meiwa, 1772, (note ms.) (Hosoyé). 260 fr.

Jeune fille à la robe fleurie. C'est l'acteur Iwaï Hanshiro (Hosoyé). 190 fr.

L'acteur Ichikawa Danjuro figurant un daïmio (Hosoyé). 210 fr.

Acteur en femme. Elle dissimule le bas de son visage derrière sa large manche (Hosoyé). 580 fr.

Samuraï figuré par l'acteur Arashi Sangoro (Hosoyé). 380 fr.

L'acteur Iwaï Hanshiro jouant le rôle de la courtisane Agémaki. Théâtre Nakamuraza. 8e Meiwa, 1771 (Hosoyé). 500 fr·

L'acteur Ichikawa Danjuro figurant un komuso (Hosoyé). 280 fr.

Les acteurs Ségawa Kikunojo et Iwaï Hanshiro exécutant une danse de manzaï devant un kadomatsu (Diptyque hosoyé). 105 fr.

L'acteur Banto figurant un otokodaté. Il tient une poche à tabac et un étui à pipe (Hosoyé). 110 fr.

L'acteur Ichikawa Yaozo, son sabre nu à la main, regarde d'un air menaçant deux grenouilles au bord d'un ruisseau (Hosoyé). 210 fr.

L'acteur Arashi Sangoro en komuso. Il figure Sakuramaru, le vassal fidèle (Hosoyé). 170 fr.

Noble tenant une bourse. Sa robe est ornée de carpes. C'est l'acteur Ichikawa Danjuro (Hosoyé). 90 fr.

L'acteur Nakamura figurant Genkuro Kitsuné dans la pièce *Yoshitsuné Sambon Sakura* (Hosoyé). 75 fr.

L'acteur Banto Sempachi dans un rôle de valet (Hosoyé). 80 fr.

L'acteur Iwaï Hanshiro figurant la courtisane Agémaki. Elle
a posé sa lanterne et tire son sabre du fourreau (Hosoyé). 130 fr.

L'acteur Arashi Sangoro figurant Sakuramaru dans la pièce
Sugawara Denju Kagami. Théâtre Ichimuraza, 9° Meiwa,
1772, (note ms.) (Hosoyé). 105 fr.

Le ministre Shihé et Matsuomaru dans la pièce *Sugawara
Denju Kagami.* Ces deux rôles sont joués par Ichimura
Takénojo et Otani Hiroji. Théâtre Ichimuraza, 9° Meiwa,
1772, (note ms.) (Diptyque hosoyé). 70 fr.

Élégante voyageuse devant une rizière. C'est l'acteur Ségawa
Kikunojo (Hosoyé). 140 fr.

L'acteur Matsumoto Koshiro jouant le rôle de Shukan dans
la pièce *Himé Komatsu.* Il porte un miroir. Dans un nuage
noir un dragon surgit (Hosoyé). 60 fr.

Acteur figurant une courtisane. Elle est debout devant un
brasero (Hosoyé) 110 fr.

L'acteur Ichikawa Yaozo en guerrier (Hosoyé). 90 fr.

SIGNATURE DE L'ARTISTE

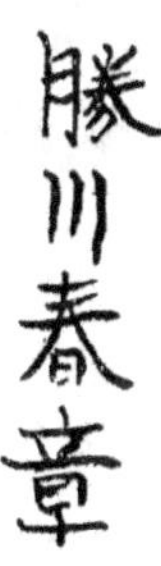

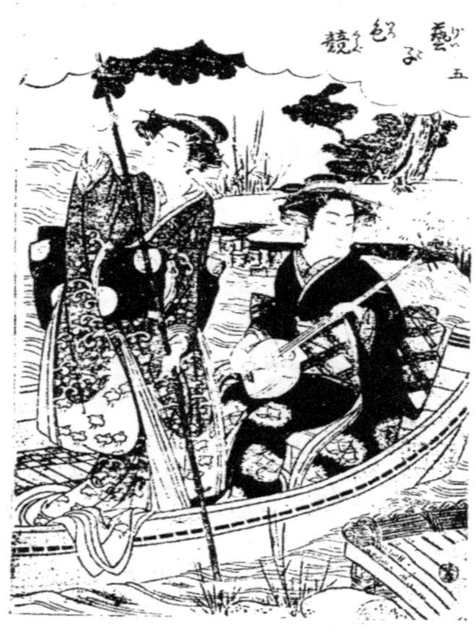

MASSANOBU. — Deux femmes en bateau.

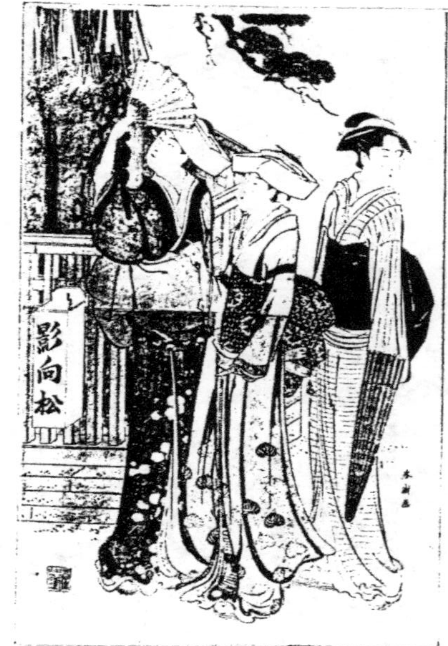

SHUNTCHO. — Courtisanes en promenade.
Musée du Louvre.

SHUNTCHO (Katsukawa)

Cet artiste, qui travailla vers la fin du XVIIIe siècle,
fit des paysages animés, bien traités, avec une note
personnelle, quoique imités de Kiyonaga. Il fit
également des portraits de femmes et des acteurs.

BIBLIOGRAPHIE

Fenollosa. — Anderson. — Strange.

PRIX ATTEINTS DANS LES VENTES

En 1920 :

Acteur sous un saule.	90 fr.
L'acteur Monnosuké.	55 fr.

SIGNATURE DE L'ARTISTE

勝
川
春
潮

SHUNTEI (Katsukawa)

Shuntei travailla au commencement du XIXe siècle. Il avait un certain talent pour traduire des scènes d'acteurs et de lutteurs. Il produisit peu de pièces séparées et illustra quelques livres.

BIBLIOGRAPHIE

Fenollosa. — Hayashi.

PRIX ATTEINTS DANS LES VENTES

En 1920 :

Paysanne assise sur un fagot auprès d'un cerf apprivoisé
  (Surimono).   85 fr.
L'acteur Matsusuké.   80 fr.
L'acteur Komaju tenant une bouilloire à saké.   55 fr.

SIGNATURE DE L'ARTISTE

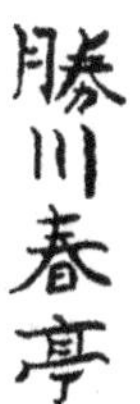

SHUNYEI (Katsukawa)

Shunyei vécut de 1760 à 1820 et eut pour maître Shunsho qu'il parvint à égaler. Il est très apprécié pour son dessin correct et son coloris agréable et plaisant à l'œil.

Il produisit dans tous les genres, mais excella dans les scènes où paraissent des courtisanes, des acteurs, des danseuses et aussi des guerriers. Avec Outamaro, il composa quelques scènes de lutteurs.

Il fit aussi des Kakemonoyé très appréciés. Il signa quelquefois du nom de Kutokusai. Ses principaux élèves furent Shuntei et Shunsen.

BIBLIOGRAPHIE

Hayashi. — Fenollosa. — Duret.

PRIX ATTEINTS DANS LES VENTES

En 1920 :

Sur le pont de Ryogoku, la courtisane Okaru accepte un cadeau de son amant Kempei. Le jaloux Sagisakabanaï les considère sans bienveillance (Oban). 180 fr.

Estampe appartenant à une série du Chusingura (2° acte).

Danseuse coiffée d'un éboshi, dansant devant une cloche la danse de Dojoji (Oban). 160 fr.

De la série *Oshiyégata,* modèles pour Oshiyé.

Portrait d'acteur en femme, qu'on voit en buste, de trois-quart. Elle est vêtue d'une robe verte à décor d'arborescences. Pl. II (Oban). 3.100 fr.

Lutteur tenant en équilibre sur son front un feuillet de papier. Ce jeu divertit fort une jolie geisha ainsi que sa petite servante (Oban). 120 fr.

Cette estampe porte deux signatures, à gauche celle d'Utamaro, à droite celle de Shunyei.

Le lutteur Kurokumo Otozo qu'accompagne une servante portant une lanterne. Un cartouche à gauche de l'estampe contient son éloge (Oban).   360 fr.

Le lutteur Kashiwado Soyoro en robe jaune rayée de noir (Oban).   180 fr.

Nita no Shiro, guerrier de Yoritomo, chevauchant un sanglier (Chuban).   40 fr.

Sato Tsuginobu, un officier de Yoshitsuné, brandissant sur la tête d'un adversaire terrassé un gobang (table sur laquelle se joue le jeu de go) (Chuban).   35 fr.

De la série *Kokon Eyu Kurabé,* comparaison des Héros anciens et modernes.

L'acteur Nakayama en guerrier. Il porte un arc et des flèches (Hosoyé).   60 fr.

L'acteur Ichikawa dans un rôle de daïmio. Il est vêtu d'une robe verte et d'un manteau noir que décore semblablement un motif d'hexagones (Hosoyé).   270 fr.

L'acteur Ichikawa Komazo sous l'habit d'un moine. Il figure un Shungenja, caste de prêtres bouddhiques qui n'ont pas obligatoirement la tête rasée (Hosoyé).   100 fr.

L'acteur Otani Kiji dans le rôle d'un jeune valet. Il est vêtu d'une robe violette et d'un manteau vert rayé de blanc. En haut de l'estampe une branche de momiji (Hosoyé). 200 fr.

La nuit, à l'entrée d'un pont, un bandit attend les promeneurs attardés. C'est l'acteur Takata Komaju (Hosoyé).   650 fr.

L'acteur Sakata Komaju devant une palissade qu'ombrage un pin. Il figure le serviteur d'un samuraï, portant les armes de son maître (Hosoyé).   55 fr.

SIGNATURE DE L'ARTISTE

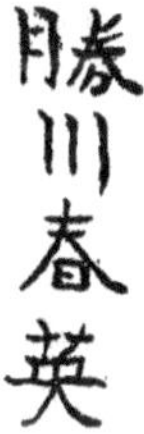

SUKENOBU (Nishikawa)

Cet artiste, à l'imagination fertile, ne produisit
que des livres illustrés, d'une composition remarquable, mais laissant à désirer au point de vue du
dessin. Il travailla au commencement du XVIIIe siècle.
Il ne fit pas d'estampes séparées. Son œuvre comprend principalement des scènes d'intérieur où la
femme figure presque toujours, et quelques pièces
érotiques. Parmi ses livres nous citerons : « Yehon
Tamakadzura » et « Yehon Chiyomigusa » (scènes
de la vie des femmes).

BIBLIOGRAPHIE

Anderson. — Gonse. — Hayashi.

PRIX ATTEINTS DANS LES VENTES

Aucune base.

SIGNATURE DE L'ARTISTE

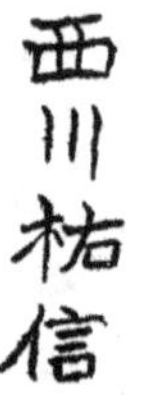

SHUNZAN (Katsukawa)

Shunzan travailla vers la fin du XVIIIe siècle. C'était l'un des meilleurs élèves de Shunsho, mais il suivit plutôt le style et la manière de Kiyonaga. Il fit surtout des sujets religieux en triptyques, dont l'un des plus fameux est celui dont nous donnons le prix, ci-dessous. Son dessin est puissant et son coloris des plus harmonieux. Ses œuvres sont rares.

BIBLIOGRAPHIE

Fenollosa. — Strange. — Hayashi.

PRIX ATTEINTS DANS LES VENTES

En 1920 :

Fidèles dans la cour d'un temple, au moment de la floraison des cerisiers (triptyque Oban). 850 fr.

SIGNATURE DE L'ARTISTE

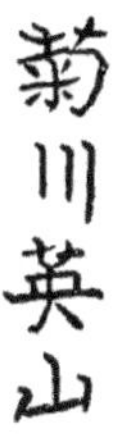

TOSHINOBU (Okumara)

Cet artiste travaillait vers 1750-1760, et il est un
des meilleurs auteurs de cette époque, quoique sa
production ait été restreinte. Il fit des estampes en
blanc et noir et en deux tons, représentant surtout
des scènes d'acteurs et aussi quelques sujets ga-
lants. Ses œuvres sont très recherchées.

BIBLIOGRAPHIE

Hayashi. — Fenollosa.

PRIX ATTEINTS DANS LES VENTES

En 1920 :

Courtisane que sa servante coiffe.   800 fr.
L'acteur Kantaro dans une robe de femme.   850 fr.
Danseuse.   600 fr.
L'acteur Kikujiro.   1.500 fr.
Les acteurs Kantaro et Takenojo se coiffant dans leur loge.
                                                         800 fr.
Viveur auprès de qui s'empressent deux geisha.   260 fr.

SIGNATURE DE L'ARTISTE

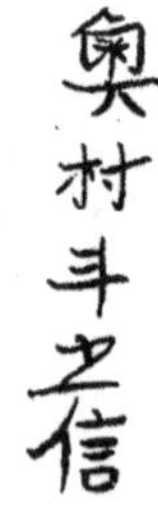

UTAGAWA (Toyoharu)

Cet artiste fut beaucoup plus un peintre qu'un dessinateur d'estampes. Il vécut de 1733 à 1814, mais ne commença à travailler qu'à un âge avancé, c'est pourquoi ses œuvres sont peu nombreuses et par suite très recherchées.

Il fut le premier des Utagawa. Il se distingue par son dessin correct, son coloris très plaisant et son habileté à grouper ses personnages, qu'il se plaisait à représenter en foules. Il fit aussi quelques paysages très estimés, ainsi que des séries de pièces, dont une de ses plus belles représente « les Perfections » (Von Seidlitz).

BIBLIOGRAPHIE

Hayashi. — Fenollosa. — Von Seidlitz.

PRIX ATTEINTS DANS LES VENTES

Aucune base, ses œuvres passant très rarement en vente.

SIGNATURE DE L'ARTISTE

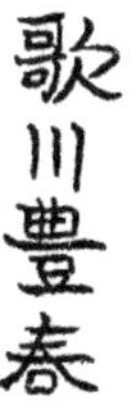

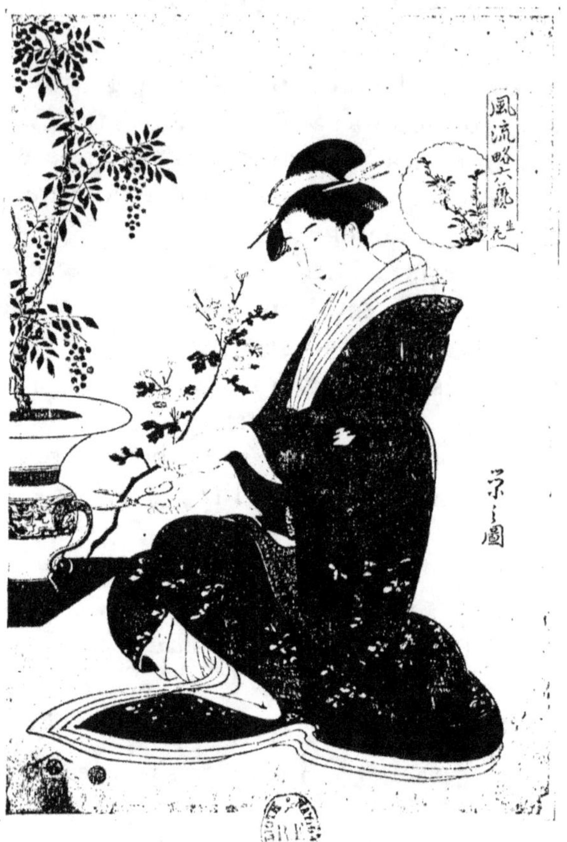

YESHI. — Jeune femme coupant une branche fleurie.

TOYOHIRO·(Utagawa)

Cet artiste vécut de 1773 à 1828. Il était le frère
et en même temps l'élève de Toyokuni et, comme
ce dernier, il fut remarquable par la science du
dessin et du coloris.

Sa production fut importante tant en pièces
séparées qu'en livres illustrés, parmi lesquels nous
citerons : « l'heureux rat » *(Fuku nezumi Shiriwo
no Futozawo),* et *Tosei shoriu ika bonedzu* (bou-
quets).

Il fit d'excellents paysages animés et quelques
rares Kakemonoyé, dont certains atteignirent des
prix très élevés, ainsi qu'on le verra ci-après.

Parmi ses estampes, Fenollosa cite, comme étant
son œuvre la plus belle « Jeune fille dans la
neige ». En collaboration avec son maître Toyokuni, il fit un triptyque célèbre : « Scène dans le
jardin d'un temple » (Fenollosa).

BIBLIOGRAPHIE

Fenollosa. — Anderson. — Burty.

PRIX ATTEINTS DANS LES VENTES

En 1920 :

Jeunes femmes tirant de l'eau d'un puits (Oban).   85 fr.
    Estampe de gauche d'un triptyque.
Planche de droite d'un triptyque. Trois jeunes femmes et

deux garçonnets sur une terrasse. L'un des bambins tient un ex-voto représentant des renards, l'autre une bannière du temple d'Inari (Oban). 80 fr.

De la série *Rioga Junifio,* deux peintures pour les douze mois. C'est la planche de *Nigatsu* (Février). Le cartouche porte les doubles signatures de Toyokuni et de Toyohiro.

Poëte au bord d'une rivière (Chuban Yokoyé). 25 fr.
D'une série de Rokkasen.

Shoki à la recherche des diables. Il est coiffé du grand chapeau qui le rend invisible (Oban). Tirage en noir. 25 fr.

Jeunes femmes revenant d'un pèlerinage. Elles longent la falaise, à la marée montante et s'amusent à ramasser des coquillages. Un enfant porte une lanterne couverte de formules bouddhiques (Triptyque Oban). 650 fr.

Jeune fille s'embarquant sur la Simuda. Elle est vêtue d'un kimono rose semé de feuilles d'*aoï* (mauves) (Kakemonoyé). 5.300 fr.

Ryogoku Sekisho. Le soleil couchant au pont de Ryogoku (Oban Yokoyé). 20 fr.
De la série *Yédo Hakkei.*

Yoshiwara no Rakugan. Le vol des oies sauvages sur la digue du Yoshiwara (Oban). 20 fr.

Atago no Shugetsu. La lune d'automne à Atago (Oban). 15 fr.
Même série que ci-dessus.

Machichi Yama no Yau. La pluie au temple de Machichi-yama (Oban). 15 fr.
Même série que ci-dessus.

Miméguri no Bosetsu. Paysage de neige à Miméguri (Oban). 20 fr.
Même série que ci-dessus.

Uyéno Bansho. Cloches au crépuscule à Uyéno (Oban). 20 fr.
Même série que ci-dessus.

Tsukudajima no Kihan. Le retour des barques au port de Tsukudajima (Oban). 20 fr.
Même série que ci-dessus.

Nihonbashi no Seïran. Le pont de Nihonbashi par une
calme soirée (Oban).   25 fr.
     Même série que ci-dessus.

En 1921 :

Jeune fille jouant à la balle. Elle est vêtue d'une robe noire
semée de petites croix blanches. Partie de triptyque
(Oban).   350 fr.
Jeunes femmes arrivant en palanquin dans la cour d'un
temple. Ce diptyque fait partie d'un quintefeuille ayant
pour titre *Hori no Uchi Miyohoji Ehomairi*. Le pèlerinage
de Miyohoji à Hori no Uchi. Le cartouche porte les
doubles signatures de Toyokuni et de Toyohiro (Diptyque
Oban).   115 fr.

SIGNATURE DE L'ARTISTE

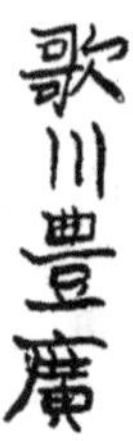

TOYOKUNI (Utagawa)

Toyokuni vécut de 1769 à 1825. Il fut le successeur artistique de Kiyonaga, et, comme ce dernier, devint très populaire, non seulement parce qu'il produisit beaucoup, mais aussi à cause de la grâce et du cachet original de ses œuvres. Il perfectionna son style par une observation profonde de la nature et par la pureté de son dessin. Son coloris était souvent terne, et cependant plaisant. C'était d'ailleurs la mode à cette époque. Il abandonna du reste ce coloris, vers la fin de sa vie, pour en adopter un autre plus vif. Toyokuni traita tous les genres, mais fut particulièrement remarquable dans les scènes où il représentait des acteurs, des femmes de toutes les sociétés, et surtout dans les paysages de neige et de pluie. Il illustra plusieurs romans parmi lesquels nous citerons : *Yehon imayo sugata* (femmes de toutes les classes, ou les manières du temps présent). Il composa également une série d'estampes dont la plus importante est « l'Averse » (en 10 feuilles), ainsi décrite dans le catalogue Bing : « Parmi ceux qui se réfugient sous l'arbre géant, « au milieu du long dessin, sont : un jeune « noble avec un faucon, une jeune fille essayant « de couvrir ses cheveux, une blanchisseuse, un « homme avec un singe, un porteur de fagots, et « plusieurs aveugles qui sont tombés dans leur « hâte. »

On doit signaler également, comme une de ses

plus belles œuvres, décrite par Fenollosa, sa « Scène de neige », qui représente une dame noble avec sa petite fille faisant des boules de neige.

Il eut des élèves célèbres, parmi lesquels nous citerons Toyohiro, qui était son propre frère ; Kuniyoshi, Kunimasa, et Kunisada qui signait Toyokuni II, vers la fin de sa carrière.

BIBLIOGRAPHIE

Anderson. — Strange. — Fenollosa. — Bing. — De Goncourt. — Von Seidlitz.

PRIX ATTEINTS DANS LES VENTES

En 1920 :

L'acteur Koraya figurant un otokodaté (Hosoyé). (Cette pièce est d'un fond gris, légèrement poudré de mica ou nacre elle fait partie de la série des acteurs en scène).   3.000 fr.

Acteur en costume de voyageur.   330 fr.

Acteur au manteau vert.   320 fr.

Jeune noble allant faire des visites de jour de l'an, suivi de son serviteur porteur de présents (Nagayé).   180 fr.

Acteurs figurant des guerriers, combattant sur les marches d'un escalier (Kakemonoyé).   130 fr.

Les acteurs Ségawa Kikunojo et Banto Mitsugoro figurant une geisha et un homme du peuple (Oban).   120 fr.

L'acteur Nakamura Denkuro dans le rôle de Juro Sukénari et l'acteur Matsumoto Yonesaburo figurant la courtisane Tora. C'est une scène du drame : la revanche des frères Soga (Oban).   315 fr.

Portrait en buste de l'acteur Matsumoto Koshiro dans le rôle d'Hawa no Jurobei, héros d'un drame célèbre (Oban). 480 fr.

L'acteur Ségawa Kikunojo figurant une jeune femme (Oban). Fond gris.   1400 fr.

L'acteur Haghéno Isaburo dans le rôle de Shindo Kurano-suké (Oban). 820 fr.

Les acteurs Ichikawa Danjuro et Otani dans une scène de drame (Oban, Fond gris). 150 fr.

Courtisane exécutant la danse Sambaso. Deux chanteuses sont assises derrière elle (Oban). 140 fr.

Jeunes femmes dansant la danse Komahiki, dans une scène de Niwaka (Oban). 140 fr.

Intérieur de théâtre. Les acteurs en scène sont Ichikawa Danjuro et Sakata Hangoro. On voit à toutes les places l'affiche *Hino Yojin* : prenez garde au feu (Triptyque Oban). 200 fr.

Le premier acte du Chushingura interprété de manière fantaisiste. (Diptyque Oban) 90 fr.

Sept planches aïban Hokoyé. Série incomplète du Chushingura. Les planches 3, 4, 8, 9 manquent. 180 fr.

Fidèles devant le temple Zojoji (Oban, Yokoyé). 40 fr.

Feu d'artifice au pont Ryogoku (Yokoyé). 60 fr.

Promeneurs au bord de la Sumida (Yokoyé). 40 fr.

Torii dans la cour du temple de Miméguri (Yokoyé). 40 fr.

Servante de chaya portant une coupe à saké. C'est la terrasse du restaurant Hiranoya à Shinagawa. Sur une table est posé un éventail décoré d'un poème à la lune (Oban, planche centrale d'un triptyque). 200 fr.

Jeune femme agitant un éventail orné d'un vol d'oiseaux. Derrière elle une servante tient un parasol ouvert (Oban). 190 fr.

Jeunes femmes rinçant des étoffes qui viennent d'être soumises à la teinture ; d'autres étendent sur des cordes des vêtements et des tissus déjà lavés (Triptyque Oban). 1.100 fr.

Cuisine d'une maison de geisha. Un poissonnier découpe des *katsuo* (bonites). Des servantes vont et viennent portant des ustensiles divers. A gauche, le commis de la poissonnerie Uokichi joue avec un gros chien (Triptyque Oban). 390 fr.

Estampe de gauche du même triptyque (Oban). 110 fr.

Sur la terrasse d'une maison de thé, à Shinagawa, un viveur,
des geisha et des musiciennes chantent en buvant du saké.
Estampe de gauche d'un diptyque.   160 fr.

Geisha se rendant à une chaya. Une servante l'accompagne,
portant une lanterne qui projette un cône de lumière sur le
buste des deux femmes. Le triangle brillant de l'obi ainsi
éclairé est indiqué par un laquage (Oban, fond gris). 800 fr.

Promeneurs dans le jardin de la maison de thé Shikachaya.
De grandes volières abritent des paons, des grues et des
faisans (Triptyque Oban).   450 fr.

Jeune voyageur se reposant dans une chaya un jour de printemps. Trois servantes manœuvrent un moulin à riz pour
la fabrication du saké. A gauche, une enseigne porte ces
mots : *Daï Gokujo Fuji no Shiroʒaké*, qualité supérieure
de saké du Fuji (Diptyque Oban, partie de triptyque).
                290 fr.

Chaya au bord d'une rivière fleurie de yamabuki. Sur la terrasse et dans le jardin, des servantes cuisinent et dressent les
plats (Diptyque Oban).   170 fr.

La maison de commerce Toraya a fait construire une *doʒo* et
elle en fête l'inauguration. Une jeune femme apporte des
coupes, et un enfant, le seau à saké décoré de formules de
félicitations. Cependant un ouvrier achève de crépir les
murs (Diptyque Oban).   320 fr.

Jeune femme debout dans une barque. La nuit est sombre
et la mer houleuse (Oban, planche centrale d'un triptyque).
                160 fr.

Deux jeunes femmes se promenant au bord de l'eau. Des
barques tirent des filets chargés de poissons (Oban, partie
de triptyque).   55 fr.

Sur la plage un jeune couple regarde plonger les pêcheuses
d'awabi (Oban, partie de triptyque).   75 fr.

Jongleurs et musiciens dans la cour d'une résidence de daïmio.
Des fenêtres, femmes et enfants les regardent (Oban). 75 fr.

Jeune femme accompagnée d'une servante et d'un garçonnet.
Elle fait des visites de cérémonie à l'occasion du jour de
l'an. Une lanterne tenue par un personnage invisible porte

la prière : *Ichi mando* (dix mille fois), formule de suppli-
cation (Oban, partie de triptyque).   75 fr.
Réunion de jeunes filles sur une terrasse fleurie de cerisiers.
Elles attendent le passage d'une procession (Oban, partie de
triptyque).   75 fr.

SIGNATURE DE L'ARTISTE

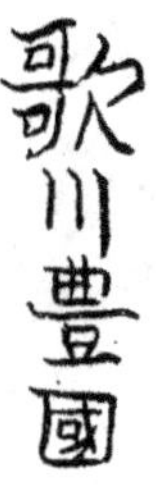

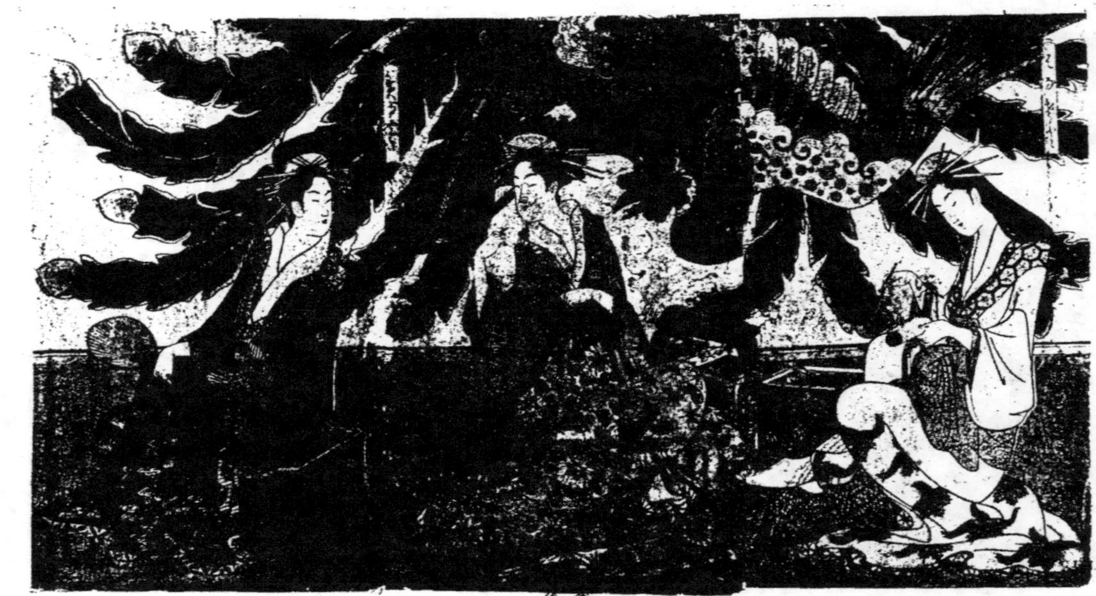

Yeisho. — Trois femmes assises dans un salon de Yoshiwara devant le paravent peint par Outamarc.

Pl. XII.

TOYOMARU (Utagawa)

Toyomaru compte parmi les meilleurs élèves de Toyokuni. Il travailla vers 1800 et fit des acteurs et des lutteurs, et quelques livres illustrés. Il produisit peu et les quelques œuvres connues de lui sont inspirées du style de son maître Toyokuni, mais gardent cependant sa note personnelle. Son coloris surtout est agréable et plaisant.

BIBLIOGRAPHIE

Hayashi. — Bing.

PRIX ATTEINTS DANS LES VENTES

En 1920 :

Les lutteurs Wadaga Hara et Ashiwatori (Hosoyé).   55 fr.
L'acteur Sojuro. Il est représenté en buste (Hosoyé).   115 fr.

SIGNATURE DE L'ARTISTE

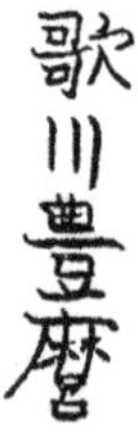

TOYONOBU (Ishikawa)

Cet artiste, né en 1711, mort en 1785, est surtout remarquable par sa façon de traiter gracieusement le type féminin. Il se spécialisa dans les scènes d'intérieur, familiales et amoureuses, ainsi que dans des scènes de théâtre. Ses premières œuvres parurent en blanc et noir, ensuite en deux tons, et enfin, après 1765, en impression polychrome. Il produisit des triptyques remarquables. Ses estampes, quoique nombreuses, atteignent des prix très élevés, surtout celles concernant la femme.

BIBLIOGRAPHIE

Fenollosa. — Anderson. — Bing.

PRIX ATTEINTS DANS LES VENTES

En 1920 :

Jeune femme écrivant une lettre (Nagayé), coloriée à la main.   2.300 fr.

Jeune femme juchée sur les épaules de son amoureux (Oban), en plusieurs tons.   3.900 fr.

L'acteur Mizuki, dans un rôle de courtisane (Hosoyé, Beniyé).   890 fr.

Dans une vente à New-York en 1920, une estampe de cet auteur : « La promenade du soir », a atteint le prix de 2.400 dollars (36.000 fr.).

SIGNATURE DE L'ARTISTE

石
川
豊
信

YEISEN (Keisai)

Yeisen travailla dans la première moitié du
XIX° siècle et produisit quelques œuvres remarquables par la puissance du dessin, la beauté du
coloris et l'habileté dans l'exécution. Il fit surtout
des paysages et quelques bons surimonos. Il excellait à rendre les effets de neige, de pluie, cascades
et poissons. Il fit aussi quelques livres. Comme
pièces séparées, nous citerons de lui :

Carpe remontant une cascade.
Chat guettant des poissons.
Paysage de neige avec des pins.

BIBLIOGRAPHIE

Fenollosa. — Anderson. — Strange.

PRIX ATTEINTS DANS LES VENTES

Aucune Base

SIGNATURE DE L'ARTISTE

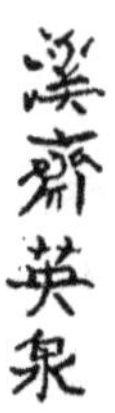

YEISHI

Yeishi est un des meilleurs artistes de l'école japonaise. Il vécut et produisit ses œuvres essentielles à la fin du XVIIIe siècle et au commencement du XIXe. Il est à remarquer surtout par son coloris agréable et tendre et son dessin habilement exécuté. Il subit l'influence de Kiyonaga dont il imita la manière simple et les tons éteints.

Il traita d'une manière remarquable les scènes populaires. Il affectionnait particulièrement les estampes en triptyque, parmi lesquelles nous citerons : « la partie de pêche dans un bateau » et « femmes jouant d'instruments de musique sous un parapluie ».

BIBLIOGRAPHIE

Fenollosa. — Anderson. — de Goncourt.

PRIX ATTEINTS DANS LES VENTES

En 1921 :

Promeneurs aux abords du temple de Rio Taïshi, à l'entrée de Yédo (Triptyque oban) (Pl. IX). 780 fr.

Scène de jour de l'an dans le Yoshiwara. On voit de droite à gauche les courtisanes Kiségawa, Takiwawa et Tokiwazu escortées de leurs kamuro (Triptyque oban). 340 fr.

La courtisane Shizuka, de la maison Shizutamaya. Sa robe est décorée d'étoiles de mer (Oban, fond jaune). 330 fr.

De la série *Seiro Bijin Rokkasen*, comparaison de courtisanes avec les six poètes.

La courtisane Mitsuhama de la maison Yogoya (Oban, fond
  jaune).   310. fr.
Trois jeunes femmes sur une terrasse fleurie de liserons
  (Oban).   530 fr.
    Planche de gauche du triptyque.
Tirage en gris et noir. Sur une terrasse au bord de la mer,
  une jeune femme écrit des poèmes, une autre apporte un
  coffret. Partie de triptyque (Oban).   310 fr.
Dans une chaya de Shinagawa, une courtisane donne pour la
  soirée des instructions à deux geisha. L'une assise à terre,
  son shamisen à côté d'elle, feuillette un livre de chansons
  (Oban).   110 fr.
Sur une terrrasse qui domine un étang, trois jeunes filles
  s'amusent au tir à l'arc (Oban).   240 fr.
Deux jeunes femmes ramassant des pousses de sapin. Illus-
  tration du *Tsurezuregusa*, recueil d'esquisses écrit par le
  bonze Yoshida Kenko (Oban).   170 fr.
Intérieur de seïro. Planche de gauche du triptyque reproduit
  dans V-I n° 14 (Oban, fond jaune).   100 fr.
Estampe de droite du même triptyque (Oban, fond jaune). 90 fr.
Jeune belle vêtue d'une robe bleue à décor de feuillages. Son
  éventail s'orne d'un lapin blanc (Oban).   85 fr.
Groupe de voyageurs au pied du Fuji (Chuban).   85 fr.
    De la série *Seiro Monzaï Niwako*, scènes de niwaka
figurées par des courtisanes.
Quatre estampes, dont deux semblables, sur la vie des courtisanes (Oban yokoyé).   120 fr.

SIGNATURE DE L'ARTISTE

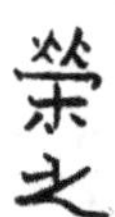

YEISHO

Cet auteur, qui fut un élève de Yeishi, se signala par des œuvres essentiellement décoratives. Il travailla de la fin du XVIIIe siècle au commencement du XIXe et exécuta notamment des triptyques de scènes d'intérieur où la femme tient une place prépondérante.

BIBLIOGRAPHIE

Fenollosa. — Von Seidlitz.

PRIX ATTEINTS DANS LES VENTES

En 1920 :

Courtisane s'essuyant le cou au sortir du bain. Son peignoir est à décor d'astenès (Oban). 400 fr.

Deux jeunes femmes sur une terrasse que décore un cerisier fleuri (Oban). 210 fr.

Réunion de courtisanes dans un paysage (Triptyque Oban). 320 fr.

En 1921 :

La courtisane Utagawa de la maison Matsubaya. Elle est assise dans la chambre appelée *Hô-ô-no-Ma* (chambre de l'oiseau de Hô-ô) dont les shoji sont décorés d'un oiseau de Hô-ô gigantesque (Oban). 50 fr.

Planche de droite d'un triptyque.

Jeune femme tenant une coupe et un rouleau de papier (Oban, fond gris). 400 fr.

De la série *Fuẓoku Yédo Murasaki*, mœurs des beautés de Yédo.

SIGNATURE DE L'ARTISTE

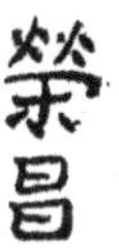

YEISUI

Cet artiste travailla au commencement du XVIIIe siècle et produisit, avec talent, des estampes de courtisanes, très recherchées. On a très peu de renseignements sur sa vie et son œuvre.

BIBLIOGRAPHIE

Fenollosa. — Bing.

PRIX ATTEINTS DANS LES VENTES

En 1920 :

Courtisanes s'entretenant avec un jeune viveur (d'après une
scène d'un roman japonais).   360 fr.
Courtisane tenant une coupe à saké.   310 fr.

En 1921 :

Danseuse jouant du tsuzumi (Nagayé).   130 fr.
La courtisane Mutsu de la maison Tsuruya tenant une coupe
à saké. Son kimono est décoré de grandes astéries (Oban,
fond gris).   120 fr.

SIGNATURE DE L'ARTISTE

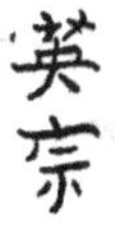

YEIZAN (Kikugawa)

Cet artiste travailla dans les débuts du XIXe siècle
Il imita Hokusaï dont il arriva à prendre le genre
et le style, en conservant toutefois une note personnelle. Il fit surtout des illustrations de livres, et
se signala surtout par ses estampes sur les fleurs, ses
effets de neige et ses paysages nocturnes.

BIBLIOGRAPHIE

Fenollosa. — Anderson. — Strange.

PRIX ATTEINTS DANS LES VENTES

Aucune base.

SIGNATURE DE L'ARTISTE

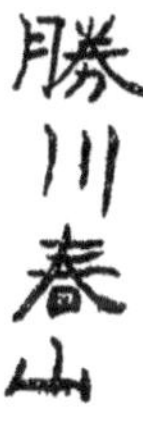

MUSÉES, BIBLIOTHÈQUES

ET COLLECTIONS IMPORTANTES

CONTENANT DES ESTAMPES JAPONAISES

Anderson (Dr William), ancien professeur à l'Académie de
Tokio. — Collection très importante, acquise par le British
Museum de Londres.

Arts décoratifs (Musée des), Paris.

Arts décoratifs (Musée des), Hambourg.

Barbedienne, Paris. — Un des premiers collectionneurs.

Barbouteau. — Catalogue et collection.

Beaux-Arts (Musée des), Boston.

Bigelow, de Boston. — Très importante collection.

Bing. — Une des plus importantes collections, catalogue.

Bracquemond. — Collection (une des premières consti-
tuées).

British Museum, Londres.

Burty. — Collection et catalogue.

Cabinet des Estampes de la Bibliothèque nationale,
Paris.

Camondo (De). — Collection.

Carnavalet (Musée). — Peu de choses du Japon dans ce
musée, si ce n'est deux pièces peu intéressantes comme
art et exécution, mais curieuses par leur rareté et par leur
caractère documentaire. Elles représentent une ascension
de ballon et doivent avoir été publiées vers 1840.

Durand Ruel. — Collection.

Duret. — Collection, catalogue.

Estampes (Cabinet des), Berlin.

Estampes (Cabinet des), Dresde.

Fenollosa (Ernest-Franscisco), ancien commissaire japonais des Beaux-Arts, est celui qui a réuni la plus importante collection d'estampes dont il publia un catalogue, aujourd'hui épuisé.

Gillot. — Collection.

Gonse. — Collection, catalogue.

Gookin, de Chicago. — Collection importante.

Grosse. — Collection.

Guimet (Musée). — Très intéressante collection.

Hambourg (Musée de). — Collection d'estampes et de livres, dont quelques-uns très rares.

Hayashi. — Une des plus importantes collections connues.

Jacquemart. — Collection.

Jacquin. — Collection.

Jackuel. — Collection.

Kœchlin (R.). — Collection.

Kœpping. — Collection.

Leroux. — Catalogue.

Liebermann. — Collection.

Louvre (Musée du). — Collection très importante, quelques pièces rares.

Manzi. — Importante collection, dispersée en 1920 et 1921 à Paris.

Marteau. — Collection.

Musée d'art japonais, à Tokio. — Une des plus importantes collections.

Oder. — Collection.

Regamey (Le peintre). — Un des premiers collectionneurs.

Rouart. — Collection.

Siebold. — Collection.

Sorbonne (Bibliothèque de la). — Collection très intéressante ; quelques pièces très rares.

Stadler. — Collection.

Strange. — Collection importante. Catalogue.
Straus-Negbam (Mme). — Collection.
Vanderbilt (G.). — Collection importante.
Vever. — Collection importante.
Wilson (Edgar). — Collection.

BIBLIOGRAPHIE

ANDERSON (W.), *The pictorial arts of Japan*. London, 1886.

AUDSLEY, *The ornamental arts of Japan*. London, 1882.

BARBOUTEAU, *Catalogue raisonné*.

BING, *Le Japon artistique*. Paris, 1889-1891.

BING, *L'art d'Outamaro*, 1895.

BING, *La gravure japonaise*. Paris, 1897.

BRINCKMANN (Justus), *Kust und Handwerk in Japan*. Berlin, 1889.

CHASSIRON, *Le Japon, la Chine et l'Inde*. Paris, 1894.

CHESNEAU (E.), *L'art japonais*. Paris, 1869.

DESHAYES, *Considérations sur l'histoire de l'estampe japonaise*. Paris, 1893.

DICKINS (F.-V.), *Fugaku hikayu kai, ou les cents vues du Fuji, d'Hokusai*. Londres, 1880.

DURET (Théodore), *L'art japonais, Hokusai*. Paris, 1885.

DURET (Théodore), *Livres et albums illustrés du Japon*. Paris, 1900.

FENOLLOSA (E.-F.), *Review of the chapter on painting in Gonse's*. Boston, 1885.

FENOLLOSA (E.-F.), *The Pictorial art of Japan*, Edinburgh, 1887.

FENOLLOSA (E.-F.), *An Outline of the History of Ukiyoye*. Tokio, 1901.

FOCILLON, *Hokusaï*. Paris, chez Alcan.

GIERKE, Berlin, 1882.

GONCOURT (Edmond de), *Les albums japonais, Les Kakemonos*. Paris, 1881.

Goncourt (Edmond de), *Outamaro*. Paris, 1891.

Goncourt (Edmond de), *Hokusaï*. Paris, 1896.

Gonse, *L'art japonais*. Paris, 1883. 2 vol. gr. in-4° illustrés.

Gonse, *L'art japonais*. Paris, 1883. In-18 illustré.

Guimet (Emile), *Promenades japonaises*. Paris, 1880.

Hayashi (T.), *Dessins, estampes du Japon* (vente de 1902). Paris, 1902.

Huish (Marcus), *Japan and its art*. London, 1882 ; 2° édition, 1892.

Kurth (Dʳ Julius), *Utamaro*. Leipzig, 1907.

Kurth (Dʳ Julius), *Harunobu*. Munich, 1910.

Le Blanc du Vernet, *Le Japon artistique et littéraire*. Paris, 1879.

Leighton, *On Japanese Art*. London, 1863.

Lemoisne (André), *L'estampe japonaise*.

Regamey (Félix), *Le Japon pratique*. Paris, Hetzel, 1889.

Renan (Ary), *L'art Japonais*. Paris, 1884.

Seidlitz (Von), *Les Estampes japonaises* (traduit de l'allemand par A. Lemoisne). Paris, Hachette, 1911.

Strange (Edward), *Japanese Illustration*. London, 1897.

Tasset (Jacques), *Mémoires de la Société Sinico-Japonaise*. Paris, 1891.

Tokuno (T.), *Japanese Wood cutting*. Washington, 1894.

TABLE DES ARTISTES

PAR ORDRE CHRONOLOGIQUE

Moronobu, 1646-1695 (?).
Korin, 1660-1716.
Morikuni (Tachibana), 1670-1785 (?).
Kiyonobu (Torii), 1663-1729.
Kwaigetsudo, commencement du xviiiᵉ siècle.
Chincho (Hanegawa), 1680 à 1755.
Kiyomasu (Torii), 1716-1785.
Masanobu (Okumura), 1680-1760.
Shigenaga (Nishimura), première moitié du xviiiᵉ siècle.
Sukenobu (Nishikawa), 1674-1754.
Toyonobu, 1710-1785.
Toshinobu, 1712-1763 (?).
Kiyomitsu (Torii), 1735-1785.
Kiyohiro (Torii), au milieu du xviiiᵉ siècle.
Kiyotsune, au milieu du xviiiᵉ siècle.
Harunobu, 1720-1770.
Koriusai, deuxième moitié du xviiiᵉ siècle.
Shigemasa (Kitao), 1739-1820 (?).
Shunsho (Katsukawa), 1726-1792.
Buncho, 1730-1796.
Toyoharu (Utagawa), 1733-1814.
Shunyei (Katsukawa), 1762-1819.
Kiyonaga (Torii), 1742-1815.
Shunman (Kubo), fin du xviiiᵉ siècle.
Shuntcho (Katsukawa), fin du xviiiᵉ siècle.
Shunzan (Katsukawa), fin du xviiiᵉ siècle.

Masayoshi (Kitao), 1761-1824.

Yeishi, 1764-1829.

Yeisho, fin xviiie et commencement xixe siècle.

Outamaro (Kitagawa), 1753-1820.

Sekiyen (Torii), 1712-1788.

Yeisui, fin xviiie et commencement xixe siècle.

Nagayoshi, fin xviiie et commencement xixe siècle.

Sharaku (Toshusai), fin xviiie et commencement xixe siècle.

Toyokuni (Utagawa), 1769-1825.

Toyohiro (Utagawa), 1773-1828.

Toyomaru (Utagawa), travailla vers 1800.

Hokusaï, 1760-1849.

Shunko (Katsukawa), fin xviiie siècle.

Taito (Voir Hokusaï).

Jitsu (Voir Hokusaï).

Hokuba, commencement du xviiie siècle.

Hokkei, 1780-1855.

Gakutei, commencement du xviiie siècle.

Shunsen (Katsukawa), commencement du xviiie siècle.

Shuntei (Katsukawa), commencement du xviiie siècle.

Yeizan, commencement du xviiie siècle.

Kunisada (Utagawa), 1787-1865.

Kuniyoshi (Utagawa), 1800-1861.

Hiroshige, 1797-1858.

Hanabusa, fin xviie siècle.

Kunimasa (Torii), 1772-1810 (?).

Hokoyu, première moitié du xviiie siècle.

Shigenobu, travailla vers la milieu du xviiie siècle.

ARTISTES SECONDAIRES

DES XVIIIᵉ ET XIXᵉ SIÈCLES

Nous donnons, ci-après, à titre documentaire, les noms de quelques artistes des XVIIIᵉ et XIXᵉ siècles, qui ne méritent pas une notice spéciale. Ils illustrèrent surtout des livres, firent peu de pièces séparées, et on ne possède pas sur eux de renseignements précis :

XVIIIᵉ SIÈCLE

Chikamaro.	Kiyosomo (Torii).
Chikanobu.	Kogan.
Fujinobu.	Kuninobu.
Fusanobu (Tomikawa).	Kyritera.
Gokio.	Mangetsudo.
Haruhiro.	Masanobu (Kitao).
Haruji (Susuki).	Masunobu (Tanaka).
Harushige.	Minko.
Harutsugu.	Mitsunobu (Shimizu).
Hisanobu (Hakusé).	Mitimaro.
Isomaro.	Munataka.
Katsumasa (Kishigawa).	Muranobu.
Kiyosata (Torii).	Ruinsai.
Kiyomasa (Torii).	Sadaharu (Akiyama).
Kiyomine (Torii).	Santoun.
Kiyoshige.	Sekiga (Kincho).

Shigenobu (Hirose).
Shigeharu.
Shintakohan.
Shintoku.
Shoha.
Shoshoken.
Shoyu.
Shunki.
Shuntoku.
Shuseido.
Shusho.
Sogiku.
Soraku.
Sunyen.

Takekio.
Tansaï.
Terushige (Katsukawa).
Tominobu.
Toyohisa.
Uchimasa.
Yeiri.
Yeishin (Choyensai).
Yeiju.
Yenkoan.
Yenshi.
Yoshinobu (Tamura).
Yoshinobu (Fujikawa).
Yukimaro.

XIXᵉ SIÈCLE

Bumpo (Kawamura).
Ekiji.
Hidemaro.
Hoguka (Katsushika).
Hokusu.
Hokutai (Isaï).
Isaï (Katsushika).
Kikumaro.
Kiosaï (Shofu).
Kishi.
Kunimitsu.
Kuninaga.
Kuninao.
Kuniyasu.
Matora (Oishi).

Nichosai.
Raisen.
Renzan.
Saki (Satosui).
Settan (Hasegawa).
Shigeyama (Yanagawa).
Shonosuke.
Shosado.
Shunkei (Mori).
Soji (Rinsaï).
Takimaro.
Tesaï.
Yosaï (Kikuchi).
Yoshimaru (Utagawa).
Yoshitosni.

TABLE DES SIGNATURES

DES ARTISTES CITÉS

TABLE DES SIGNATURES

DES ARTISTES CITÉS

筆齋文調

BUNCHO

羽川珍重

CHINCHO (Hanegawa)

岳亭

GAKUTEI

鈴木春信

**HARUNOBU
ou Sazuki Harunobu**

廣重

HIROSHIGÉ

葛飾北齋春朗　菱川宗理　戴斗　爲一

HOKUSAI (Katshushika Hokusai Shunro)

北溪

HOKKEI (Uvoya)

北馬

HOKUBA

北金

HOKUJU

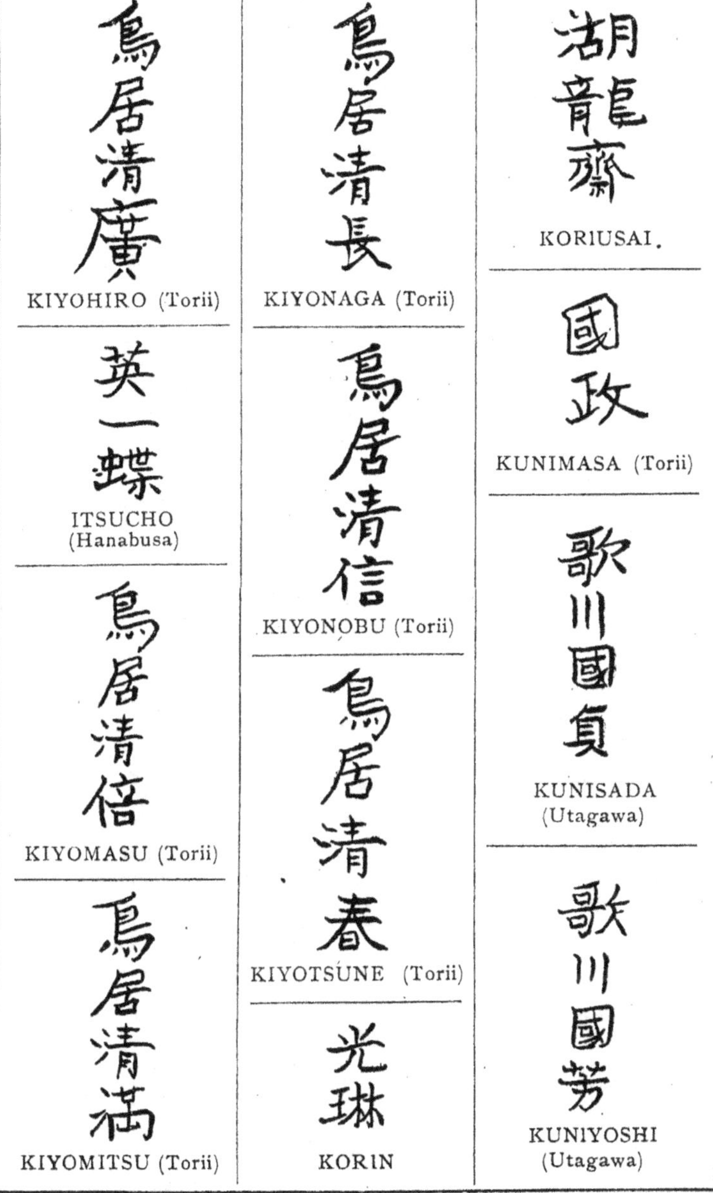
KIYOHIRO (Torii)
KIYONAGA (Torii)
KORIUSAI.
ITSUCHO
(Hanabusa)
KUNIMASA (Torii)
KIYONOBU (Torii)
KIYOMASU (Torii)
KUNISADA
(Utagawa)
KIYOTSUNE (Torii)
KIYOMITSU (Torii)
KORIN
KUNIYOSHI
(Utagawa)

懷月堂	菱川師宣	東洲齋寫樂
KWAIGETSUDO	MORONOBU (Hishigawa)	SHARAKU (Toshusai)
奥村政信	長喜	北尾重政
MASANOBU (Okumura)	NAGAYOSHI (Choki)	SHIGEMASA (Kitao)
北尾政美	北川歌麿	西村重長
MASAYOSHI (Kitao)	OUTAMARO (Kitagawa)	SHIGENAGA (Nishimura)
橘守國	鳥山石燕	重信
MORIKUNI (Tachibana)	SEKIYEN (Toriyama)	SHIGENOBU (Nishimura)

春湖 SHUNKO (Katsukawa) 窪俊満 SHUNMAN	勝川春亭 SHUNTEI (Katsukawa)	奥村斗之信 TOSHINOBU (Okumara)
勝川春扇 SHUNSEN (Katsukawa)	勝川春英 SHUNYEI (Katsukawa)	歌川豊春 TOYOHARU (Utagawa)
勝川春章 SHUNSHO (Katsukawa)	西川祐信 SUKENOBU (Nishikawa)	歌川豊廣 TOYOHIRO (Utagawa)
勝川春潮 SHUNTCHO (Katsukawa)	菊川英山 SHUNZAN (Katsukawa)	歌川豊國 TOYOKUNI (Utagawa)

歌川豐麿 TOYOMARU (Utagawa)	溪齋英泉 YEISEN (Keisai)	英宗 YEISUI
	榮之 YEISHI	
石川豐信 TOYONOBU (Ishikawa)	榮昌 YEISHO	勝川春山 YEIZAN (Kikugawa)

TABLE DES PLANCHES

TABLE DES MATIÈRES

IMPRIMERIE " L'UNION TYPOGRAPHIQUE " — VILLENEUVE-SAINT-GEORGES